ÄNGLAGUIDEN

En guide med 30 änglabudskap för inspiration till insikt

av

Rosanna Lariella Antonsdotter

© 2019 Antonsdotter, Rosanna Lariella
Förlag: BoD – Books on Demand, Stockholm, Sverige
Tryck: BoD – Books on Demand, Norderstedt, Tyskland
ISBN: 9789176998922

Innehåll

5

Änglabönen

"Mina kära änglar,

Tack för att ni höjer mina tankar om mig själv och andra och ger mig ögon som kan se er välsignelse i allt och alla.

Tack för att ni hjälper mig att uppleva den kärlek som jag vet existerar i allas hjärta.

Tack för att ni avlägsnar allt det som inte tillhör mig, och ger mig tillit till att det som Gud har gett mig och som tillhör mig kan ingen annan ta ifrån mig.

Tack för att ni ger mig vissheten till förståelse att de som Gud har fört samman kan ingen människa skilja åt.

Tack för alla de relationer som inte längre finns i mitt liv. Jag förstår nu att de inte tillhör mig. Jag välsignar dem med er hjälp och överlämnar dem till Gud.

Tack för att ni skapar utrymme i mitt liv för nya relationer som tillhör mig.

Jag välkomnar dem nu med ett öppet hjärta med Guds välsignelse.

Tack för att ni höjer mig över världens mörker och låter mig genomdränkas av ljus, vilket gör att jag känner tröst och lugn i sanningen. Jag är ett barn av Gud och med er hjälp sprider jag detta till världen endast genom vetskapen att jag är värdig för att jag finns till.

Tack för ännu en underbar dag och den perfekta koreografin i mitt liv så att jag kan få möjlighet att uttrycka och visa den högsta versionen av mig själv.

Jag överlämnar nu alla mina tankar, känslor och problem till er, därför att jag vet att lösningen redan finns här och genom att jag överlämnar allt till er så vet jag att jag får en gudomlig lösning och ett gudomligt svar tillbaka.

11

Jag är villig att se mig själv, min situation och mitt liv på ett annat sätt och jag accepterar allt som det är just nu.

Tack!

Amen"

Inledning

Du undrar säker varför du läser det här just nu och hur den här boken har hittat dig.

Kanske känns det som om:

~ det finns en gnagande känsla av att du inte lever det du är här för att göra?

~ du inte använder dina talanger och gåvor?

~ du inte kan uppleva en samhörighetskänsla med andra?

~ där hela tiden finns en djup kronisk depressiv känsla?

~ du är osäker på din väg och hur du ska gå vidare, trots alla år av ansträngningar med din egen personliga utveckling?

~ du är ensam trots alla dina vänner?

~ du ännu inte har hittat din rätta partner, eller att du inte upplever den nivån av förtrolighet som du önskar med din partner?

~ du längtar efter att få fly iväg och "starta om" i en annan stad eller annat land?

~ alla missförstår dig. Du kan känna dig missförstådd av både familj, vänner och arbetskamrater?

Kan du känna igen dig?

Du är inte ensam. Många känner detta just nu. Det finns en frustration över livet och fler börjar ställa sig frågan: Det måste finnas ett annat sätt att leva livet på?

Om du fortfarande håller kvar denna bok i din hand, då finns det en djupare anledning till varför du läser det här just nu och även om det låter märkligt så har den här boken hittat dig och inte tvärtom.

Den här boken har hittat dig just nu därför att förmodligen upplever du att det finns ett stort gap mellan där du befinner dig just nu och dit du vill komma. Säkert har du redan försökt tänka ut en lösning, men hur mycket du än funderar så händer ingenting. Det blir bara fler och fler tankar som maler i huvudet och det kan kännas som om tankarna har ett eget liv och du bara följer efter.

När detta pågått en längre tid så kan fysiska och emotionella problem ge sig till känna. Kanske känner du smärta i kroppen, ångest, en kronisk depressiv känsla, trötthet, brist på tillit till dig själv och din omgivning. Du kanske känner dig instängd och ofri och livet känns ganska innehållslöst och tråkigt.

När detta tillstånd uppträder i ditt liv kan du vara säker på att en förändring av något slag är på väg att inträffa. Det är inte en fråga om NÄR, utan en fråga om HUR.

Du längtar efter att få vidareutvecklas och växa som människa. Detta är inget konstigt utan fullt naturligt och det behöver inte betyda att något är fel. Ibland visar vår nuvarande situation på att det är dags att växa och vidareutvecklas, inte bara på ett yttre plan utan även i den inre världen.

Det finns ett ofrånkomligt samband mellan vårt osynliga inre och det synliga yttre även om det kan upplevas som om det finns en tyst överenskommelse att det som inte syns räknas inte. För hur vi har det inom oss präglar, i slutänden, allt vad vi gör och upplever.

Den här boken är till för dig som befinner dig i det där gapet mellan där du är just nu och dit du vill komma. Det finns säkert en inre längtan att få kliva ur den där bedövande tomheten, även om du just nu inte riktigt vet vad det innebär. Och kanske finns det en enorm osäkerhet över vad din inre längtan vill säga dig och vad du kan komma att finna med ditt sökande.

Jag upplever det som att vi är en art av människor på ständig flykt. På flykt ifrån oss själva och den inre tomhet som håller på att äta upp oss inifrån. Dessa olika känslor kan komma smygande och vi märker dem ofta i form av en vag oro, nervositet eller en deprimerande känsla som vi inte riktigt vet varifrån den kommer. Vi upplever då ofta, när vi känner på det viset, skuld och anklagelser som orsakar ett ständigt obehag och känslomässigt kaos. Och vi gör allt vi kan för att fly ifrån dessa obehagliga känslor, för de passar oftast inte in i den "perfekta" värld vi vill visa upp. Därför jagar många från den ena aktiviteten och sensationen till den andra för att undvika den tystnad och den ensamhet, vilket innebär att de hamnar ansikte mot ansikte med den egna tomheten.

Vi kan ju bara titta på det samhälle vi för tillfället lever i. Det finns en enorm konsumtion av droger, smärtstillande och nervlugnande medel, och bara det borde vara en varningssignal om att det finns en stor inre nöd i den yttre världen.

Den som inte kan lyckas finna ro och finna sin plats i det inre, finner det inte heller i det yttre, vare sig det rör sig om en geografisk plats, någon medmänniska eller i någon form av gemenskap. Vi är ju ett folk som ser oss själva som väldigt välutbildade inom många områden. Men vad hjälper det att vi kan läsa och samla all vår kunskap i datorer, om vi inte kan läsa själva livet, vad betyder det om vi inte kan lyckas med att tolka våra egna reaktioner och möta vår egen inre tomhet.

Jag tycker att den främsta uppgiften i en människas liv borde vara att lära känna sitt eget inre och att våga ta det i besittning. Att bli herre i sitt eget hus, där kroppen blir ens hus och hem i världen och där lyckas finna en tillflykt och bas.

Den här boken är en inre resa för att upptäcka något i ditt inre som du så länge längtat efter att få se.

Änglaguiden

På följande sidor finner du 30 olika insikter och änglabudskap.

Du kan välja att läsa och följa insikterna från insikt ett till insikt trettio, eller så kan du läsa en insikt varje dag och låta den insikten tillämpas i ditt vardagliga liv. Det går också bra att bara slå upp en sida i boken och se var du hamnar.

Prova dig fram och gör det som känns bäst för dig.

Längst bak i boken finns också ett kapitel för fakta, forskning och inspiration. Där kan du inhämta mer kunskap om Carl Gustav Jung, Paramahansa Yogananda, våra sju inre rum samt de fyra nivåerna och de fem F:en. Dessa sidor kan du läsa i kombination med Änglabudskapen för att lättare kunna förstå och tillämpa dessa i ditt liv och i din vardag. Där hämtar jag min inspiration ifrån.

Den röda tråden är följande:

Medan du läser insikterna och budskapen från änglarna äger en förändring rum inom dig.

Du får uppleva din innersta natur, som är oändligt mycket mer och större än du kunnat föreställa dig. På så sätt utvidgar du ditt medvetande till att skapa en ökad förståelse för din äkta identitet.

Välkommen till änglarnas värld!

Rosanna Lariella Antonsdotter

♥♥♥

1

Förlåta och försonas

Änglarna är här för att hjälpa dig att uppleva försoningens befrielse genom förlåtelse så att du kan leva i harmoni med dig själv och andra.

Änglarna vill hjälpa dig med att förstå att skuldkänslor, ånger, bitterhet, missnöje, sorg och alla former av brist orsakas av att du tillbringar för mycket tid i det förflutna eller i framtiden genom dina tankar och mister då din länk och energisamklang med änglarna.

Änglarna vill att du ska veta att problem är inget annat än mentala konstruktioner som inte kan överleva då du är i samklang med änglarna.

Alla problem behöver antingen accepteras eller hanteras och änglarna är här för att hjälpa dig förstå skillnaden.

Problem betyder att dina tankar upptas av en viss situation eller person och denna identifikation gör att du omedvetet skapar problemet till en del av din självbild, vilket i sin tur skapar smärta.
Stressen som uppstår av denna smärta orsakas av att vara "här" men vilja vara "där". Att leva här och nu men vilja vara antingen i det förflutna eller i framtiden, är en splittring som kan slita sönder dig inombords.

Änglarna är här för att hjälpa dig hela denna splittring.

Just nu, gällande din situation, är någon form av handling bättre än ingen handling alls, speciellt om du har suttit fast i en olycklig situation en längre tid.

*Änglarna är här för att hjälpa dig
släppa taget om din oförmåga att
förlåta.
Änglarna hjälper dig att rensa bort och
rena dig från alla gifter som orsakas av
mentala och emotionella blockeringar.
Denna frigöring kommer att befria dig.*

*Försoningens frid som kommer genom
din villighet att förlåta kommer skölja
över dig, i dig och runt dig när du
bestämmer dig för att släppa taget om
all ilska som finns i ditt hjärta och ditt
sinne.*

*Änglarna vill få dig att förstå att du inte
är ensam och att när du förlåter, tillåter
du samtidigt andra människor att bli
fria.*[1]

♥

---

[1] För att tillämpa detta budskap i ditt liv kan du
läsa mer om Ärkeängel Uriel under kapitel "De
fyra nivåerna och de fem F:en"

23

♥♥♥

2

En situation som behöver hanteras

Änglarna vill hjälpa dig med att förstå att du inte är dina tankar och känslor. Du är medvetenheten bortom dina tankar och känslor som betraktar och iakttar dessa.

Det är när du identifierar dig med dina tankar och känslor som problem uppstår.

Tankar och medvetande är inte samma sak. Dina tankar är endast en liten del av medvetandet som inte kan existera utan medvetandet. Däremot kan medvetandet existera utan några tankar. Känslor är kroppens reaktion på olika tankar, dina eller någon annans, och de uppstår i skärningspunkten mellan kroppen och sinnet.

24

En fientlig tanke av något slag, din egen eller någon annans, leder till en viss ansamling energi i kroppen som uttrycker sig som oro, rädsla, negativitet etc.

Dina tankar och känslor är alltid präglade av det förflutna och strävar alltid efter att återskapa det som är välkänt för dig, även om det är smärtsamt. Därför kan du aldrig lösa ett problem på den nivå där problemet har uppstått, för du kommer då bara att upprepa det förflutna.

Änglarna vill att du ska komma ihåg att problem är inget annat än mentala konstruktioner av situationer som uppstår. När en situation uppstår behöver den hanteras, inget annat. Det är när du går in med dina tankar och känslor och dömer situationen som "bra" eller "dålig" som ett problem kan uppstå. Du tappar då kontakten med medvetenheten bakom dina tankar och känslor och du upplever då obehag, rädsla, oro, missnöje, skuldkänslor etc.

Änglarna vill hjälpa dig med att stanna kvar i medvetenheten bortom dina tankar och känslor när olika situationer uppstår.

När en situation uppstår så ber änglarna dig och stanna upp och be dem om hjälp innan du hinner sätta en mental etikett på situationen. Sedan bestämmer du dig för att villigt hantera situationen. Du kan hantera en situation på följande sätt:

1: Agera. När en situation uppstår kan du välja att agera, det vill säga **lämna situationen eller förändra den**. Att förändra den innebär att du transformerar om den. Det gör du genom att ta tag i den direkt, ringa det där samtalet, prata med den där personen, skicka det där brevet etc.

Du är villig till att göra det som situationen kräver. Du är villig till att förändras, så att en transformation kan genomföras.

2: Acceptera. När en situation uppstår och du inte kan varken lämna situationen eller förändra den så behöver du acceptera den. Att acceptera den är ett val du gör i stunden, vilket innebär att ibland behöver du acceptera att du för tillfället inte klarar av att lämna situationen eller förändra den. Då inväntar du modet till att klara av att agera, utan att döma situationen.

Änglarna existerar i klyftan mellan betraktaren och det som betraktas och där bearbetar änglarna medvetandet. När du ber änglarna om hjälp så hjälper de dig att leda dig bortom dina tankar och känslor till det rena medvetandet där du kan finna konstruktiva lösningar på de situationer som uppstår, utan att du behöver upprepa det förflutna.

Använd gärna änglabönen nedan:

"Mina kära änglar,

Jag överlämnar denna situation till er.

Jag förstår inte det här, men det gör ni.

Jag ser inte framtiden, men det gör ni.

Jag vet inte vad som är bäst för alla,
men det gör ni.

Jag lägger min tillit till er.

Tack för att ni visar att lösningen redan
finns här.

Jag är villig att se situationen genom era ögon."[2]

Amen

♥

---

[2] För att tillämpa detta budskap i ditt liv kan du läsa mer om Rum 6 under kapitel "Våra sju inre rum"

♥♥♥

3

Förändringen som kommer är av

gudomlig natur

*Änglarna vet att du längtar efter en
förändring och de är här för att hjälpa
dig att göra dig fri från det som håller
dig tillbaka. Det är dags att släppa taget
om det som inte är du och som inte
tillhör dig. Tillåt dig själv att ömsa
skinn.*

*Först när du har tillåtit dig själv att
släppa bindningen till den situation eller
person som just nu håller dig tillbaka,
kan du omfamna den förändring som
kommer.*

Förändringen som kommer är av
gudomlig natur, så släpp alla dina
rädslor och ha tillit till att änglarna vet
vad de gör, när det ska göras och hur
detta kommer att genomföras. Släpp alla
tankekonstruktioner och känslomässiga
förväntningar på ett visst givet resultat.
Detta är större än du, just nu, har
förmågan att tänka dig fram till.
Detta är en förändring av en glädjefylld
natur.

Ibland skjuter vi människor upp och
undan vissa saker som vi innerst inne
vet att vi borde ta hand om.
Vilka delar av oss själva som vi än har
kvar att läka, så är det dags att göra det
nu. Det kanske handlar om
förhållanden, beroenden, något med
jobbet, något med barnen, vår familj
eller annat. Vad det än är så är det
egentligen inte själva situationen som är

31

den viktiga utan ditt medvetandetillstånd
när du tar hand om situationen.
Det viktiga här är insikten att vi
begränsar vår egen möjlighet att leva ett
storslaget liv så länge vi inte tar itu med
problemet.

Det som håller så många tillbaka från
att ta itu med saker är inte andlig
okunskap utan snarare en sorts andlig
lättja. Vi känner oftast till många av
principerna för det högre medvetandet,
men vi tillämpar dem inte i vårt
vardagliga liv. Istället förlåter vi när det
är lätt, känner tillit när det verkar
logiskt försvarbart och älskar när det
passar oss och när vi vet att vi är
älskade tillbaka. Vi tar saker och ting på
allvar, men inte på djupet.

Det är många som är "andliga elever",
men utmaningen är att även lyckas ta
"den andliga examen".

Det är inte alltid lätt att tillåta vår
andliga potential att födas för att
"komma ut ur den andliga garderoben".
Det är egentligen väldigt enkelt, men det
betyder inte att det alltid är lätt.
Dessutom kan det ibland vara
arbetsamt.

Änglarna vill hjälpa dig med att göra
dig redo och villig till att ta itu med
detta arbete så att du kan vara en dem
som går först i ledet och vågar visa
andra vägen till befrielse.

Att förändras, och förändras till det
bättre kan vara två helt olika saker.

Änglarna ber dig om att inte göra en
förändring för att du vill fly *ifrån* något,
någon och din nuvarande situation.
Utan änglarna ber dig om att göra en
förändring *till* något bättre.

Allt handlar om ditt syfte till varför du vill göra en förändring.

*Vill du **ifrån** något eller **till** något? Och, i så fall, vad och varför?[3]*

♥

---

[3] För att tillämpa detta budskap i ditt liv kan du läsa mer om Rum 1 under kapitel "Våra sju inre rum"

♥♥♥

4

Håll ut! Du är så nära

Änglarna vill be dig om att inte ge upp!

Du är endast ett steg ifrån att manifestera det du behöver för att uppnå ditt mål. Vad du än gör så fortsätt att vandra framåt.

Änglarna vet att du har kämpat länge, är trött och på väg att ge upp. Änglarna ber dig att tänka om.

Håll ut!

Du är så nära!

Änglarna vet att du har bett dem om att ge dig ett tecken så du vet att du är på rätt väg och att detta är det "rätta" för dig att göra. Här har du ditt tecken som du väntat på.

Änglarna tror på dig, älskar dig och de vet att du kommer att lyckas.

Ha tillit!

Håll fokus!

Koncentrera dig på en sak i taget och gör det med full koncentration, fokus och tillit. Det är receptet för framgång.

Du är så nära...

Änglarna vill också påminna dig om att varken dina tankar, känslor eller beteenden kan fullt ut definiera den Du Är, så identifiera dig inte med dem.

Allt negativt som du tänker är konstruerat av ditt sinne och dina tankar. Dessa tankar kommer och går. Ta det inte personligt. Det är inte den du verkligen är.

All ilska, oro, tristess, trötthet och nedstämdhet som du känner är tillfälliga känslor skapade av ditt ego, det vill säga dina egna tankar som du identifierar dig med och gör

till din bild av dig själv. Dessa
känslor kommer och går.

Ta det inte personligt. Det är inte
den du verkligen är.

Alla självsaboterande val du gör är
projicerade dolda egenskaper
skapade av din "skugga"[4].

Dessa egenskaper kommer och går.
Ta det inte personligt. Det är inte
den du verkligen är.

Det är dags nu att släppa taget om
gamla tankar, känslor och
beteenden som inte gagnar dig
längre.

Nu är tiden inne för att verkligen
släppa fram den Du Är.

---

[4] Begreppet "Skuggan" myntades av Carl
Gustav Jung. Du kan läsa mer om Jung och
skuggan under kapitel: "Fakta, forskning och
inspiration"- Carl Gustav Jung.

*Den Du Är, är inte något som
kommer och går. Den Du Är, är
något som består och som är mycket
mer än så.*[5]

♥

---

[5] För att tillämpa detta budskap i ditt liv kan du
läsa mer om Rum 1 och 2 under kapitel "Våra
sju inre rum"

♥♥♥

5

Det är dags att utvidga ditt

medvetande

*Änglarna vill hjälpa dig med att förstå
mänsklighetens nuvarande
medvetandetillstånd och dit vi är på
väg.*

*När du ändrar fokus från egots
perspektiv på tillvaron till själens
perspektiv på tillvaron kommer du
automatiskt att göra andra val och se
världen genom andra "glasögon".*

*När du förändrar din egen energi inom
dig kommer även din yttre värld att
förändras. Du börjar tänka mer
kärleksfullt och känslor som oro,
ängslan och rädsla ersätts med känslor
av hopp, tro och tillit. Du ändrar på så*

*sätt steg för steg riktningen av din inre
kompass mot ett mer meningsfullt och
lyckligt liv. Det handlar om vad du
väljer att prioritera och var du lägger
din fokus och grad av koncentration.*

*När du går under ytan och bortom dina
tankar och känslor så börjar du förstå
att allt hänger samman med den källa
av liv som det/den/du kommer ifrån.*

*När du tittar på något eller någon och
låter det vara som det är utan att
påtvinga det ett begrepp eller sätta
någon etikett på det, uppstår en känsla
av frid, djup vördnad och förundran
inom dig.*

*Du har då klivit bortom egots domäner
och dömandets värld och tagit ett steg in
i änglarnas värld och den förhöjda
medvetenheten. Då kommunicerar
änglarna tyst med dig och återspeglar
ditt innersta väsen, ditt själsliga Jag.*

När du täcker över världen, saker, ting, situationer och andra människor med ord, benämningar och olika dömande etiketter så föder du egot.

Ditt själsliga Jag ligger bortom alla mentala och verbala etiketter på saker, ting, situationer och andra människor.

Att ta ett steg in i änglarnas värld är att först uppmärksamma tystnadens mellanrum mellan dina tankar. Sedan låter du detta mellanrum få ta mer och mer plats i ditt liv. När mellanrummen mellan dina tankar är fler än dina tankar, då har du tagit dig över bron till själens perspektiv på tillvaron och du är då en del av den förhöjda medvetenheten som är på väg att födas in i den här världen. Du blir då en utav dem som går först i ledet och visar andra vägen.

Det är din sanna livsuppgift. Våga anta utmaningen som änglarna har välsignat dig med. Våga gå igenom dina egna

*personliga blockeringar så att du även
kan bryta de kollektiva barriärerna.*

*När du har tagit dig igenom dina egna
personliga blockeringar, då är det dags
att även bryta igenom de kollektiva
barriärerna. Då har du blivit en andlig
lärare som visar andra vägen.*

*Om du har läst så här långt och förstår
innebörden av texten (det du läser känns
meningsfullt inom dig), då är du redan
en andlig lärare som visar andra
vägen. Du upplever redan inom dig en
upplösning av egots tankemönster och
du känner redan inom dig hur en ny
dimension av en förhöjd medvetenhet
växer fram. Änglarna ber dig då att
våga gå först i ledet och anta
utmaningen till att bli mer aktiv med att
sprida din visdom till världen. Änglarna
kommer att visa dig hur du kan göra
detta.*

*Om du inte har orkat läsa hela texten
(du har hoppat direkt ner till slutet av
texten) eller om du upplever att du inte
alls förstår vad texten handlar om (det
du läser känns som ett helt annat språk)
då behöver du lite mer tid för att väcka
den slumrande potentialen inom dig. Du
är på rätt spår och du behöver låta
processen få ta den tid den behöver.
Änglarna är med dig och vägleder dig
under hela denna process. Fortsätt att
läsa budskapen tills du en dag upplever
att texten börjar bli mer levande för dig
och du inte längre endast läser
budskapen, utan även tillämpar dem i
ditt liv.*

*En förhöjd medvetenhet är inte något du
endast läser om, det är något du
upplever.*[6]

♥

---

[6] För att tillämpa detta budskap i ditt liv kan du
läsa mer om Rum 5 under kapitel "Våra sju inre
rum"

♥♥♥

6

Kristusenergin

Änglarna vill be dig om att medvetet överlämnar dig till Kristusenergin som så starkt omger dig. Denna energi hjälper dig att uppleva den kärlek som existerar i allas hjärta.

Änglarna vill hjälpa dig med att förstå att mänskligheten befinner sig under stark press att utvecklas eftersom det är vår enda möjlighet att överleva som ras. Detta kommer att påverka alla aspekter av ditt liv och i synnerhet dina nära relationer.
Aldrig tidigare har relationer varit så problematiska och konfliktfyllda som de är nu och änglarna är här för att hjälpa dig med alla dina relationer.

Änglarna vill att du djupt inom dig ska veta att dina relationer med människor inte existerar för att göra dig lycklig eller tillfreds, utan de existerar för att göra dig medveten och hjälpa dig att leva i samklang med den högre medvetenheten som vill födas i den här världen.

De människor som håller fast vid sina gamla mönster kommer att möta mer smärta och förvirring. De människor som är villiga att göra en förändring, kommer att födas på nytt eftersom verklig förändring sker i det inre och inte i det yttre.

Eftersom du läser det här just nu så är DU en utav dessa människor som inte bara kommer att födas på nytt, utan även kommer att hjälpa andra att göra det.

Änglarna vill att du ger dig hän och
överlämnar dig själv till Kristusenergin.
Låt friden av Kristusenergin strömma in
i allt du gör.
Kristusenergin är din inneboende
gudomliga essens eller ditt högre Jag.
Kristi återkomst är inget annat än en
omvandling av mänsklig medvetenhet,
en övergång från tänkande till ren
medvetenhet där subjekt och objekt
smälter samman och blir Ett.
Kristusenergin är sanningen inom dig,
den gudomliga närvaron, evigt liv som
existerar här och nu och för all evighet.

Änglarna vill att du ska veta att för
somliga människor kan orden "att ge
sig hän och överlämna sig själv" väcka
negativa föreställningar som exempelvis
att ge upp, att inte kunna möta livets
utmaningar, att bli handlingsförlamad
och så vidare.

Sant överlämnande är dock någonting helt annat. Det betyder inte att du passivt står ut med vad som helst i den situationen du befinner dig i och inte gör något åt saken. Det betyder inte heller att sluta planera eller ta initiativ till positiva förändringar.

*Sant överlämnande är visheten att **ge efter för** istället för att **göra motstånd mot** livets flöde, att släppa ditt inre motstånd mot det som Är.*
Inre motstånd är att säga "nej" till det som Är genom mentalt dömande av situationen som skapar känslomässig negativitet.
Att ge efter för och släppa ditt inre motstånd befriar dig omedelbart från identifikationen med egot (d.v.s. intellektet och dina tankar) och sätter dig istället i direktkontakt med Kristusenergin.

Kom ihåg att motstånd är egot, och att allt överlämnande är att vara medveten. Egot är präglat av det förflutna och strävar alltid efter att återskapa det välkända. Även om det är smärtsamt är det åtminstone välbekant. Egot håller sig alltid till det som välkänt för dig.

Att ge sig hän och överlämna sig själv, däremot, öppnar en dörr så att Kristusenergin kan komma in och ge dig den klara och rena medvetenheten som behövs i just den stunden.

Änglarna vill att du nu, just nu, tar ett djupt andetag och släpper ditt inre motstånd. Ge dig hän och överlämna dig själv till Kristusenergin. Låt nu denna energi fylla hela ditt väsen och öppna dig för en ny slags medvetenhet.[7]

♥

[7] För att tillämpa detta budskap i ditt liv kan du läsa mer om Lariella- Medkänslans ängel under kapitel "De fyra nivåerna och de fem F:en"

♥♥♥

7

Skillnaden mellan ren information

och din personliga åsikt

Änglarna vet att du försöker handskas med en viss situation just nu.

Änglarna är här för att ödmjukt tala om för dig att du tar saker och ting alldeles för personligt just nu. Ta ett steg tillbaka och betrakta situationen utifrån innan du agerar till att ta nästa steg.

Änglarna vet att du redan har kommit långt i din andliga förståelse och utveckling. Nu är det dags att gå ännu djupare. Du är redo för det nu! Det är detta situationen vill tala om för dig!

Det är oerhört viktigt i din andliga utveckling att du lär dig att separera dig själv från situationer som uppstår i ditt liv och dina egna tolkningar (tankar och känslor) kring och om situationer som uppstår i ditt liv.

En situation i sig självt är endast ren information till dig. Det är när du tolkar situationen genom dina egna tankar och känslor som det övergår till en personlig åsikt om situationen.

Änglarna ber dig om att försöka separera den rena informationen och din personliga åsikt kring situationen. Änglarna vill få dig att förstå att du kan endast uppleva ren information om en situation när du släpper dina egna tankar, känslor, etiketter, behov av att ha "rätt" och dömande om situationen.

När du har förstått denna djupa andliga insikt så förstår du också att när en situation uppstår har du alltid ett val.

Du kan välja i stunden att antingen se
och tolka situationen genom ditt ego,
dvs. invanda tanke- och känslomönster.
Eller, så kan du i stunden ta ett djupt
andetag och kalla in änglarna genom att
säga "Mina kära änglar! Jag är villig
till att se situationen genom era ögon".

Änglarna vet att det här är på en djupt
andlig avancerad nivå. Men, änglarna
vet att du är redo till att avancera i din
utveckling.

Änglarna vill att du övar när olika
situationer uppstår.

Gör ett medvetet mellanrum mellan
själva situationen och din egen tolkning
av den. I det mellanrummet kallar du in
änglarna. På det sättet kommer du alltid
att kunna se alla situationer genom
änglarnas ögon och du kommer därefter
att alltid göra dina val som är det
högsta bästa för alla inblandade.

Släpp identifikationen med dina tankar och känslor. Den du är bortom dina tankar och känslor framträder då helt naturligt.

Enligt Zen är det bra om man kan leva efter följande insikt: "Sök inte sanningen. Bara sluta att ha åsikter."

Kom ihåg att änglarna alltid är med dig![8]

♥

---

[8] För att tillämpa detta budskap i ditt liv kan du läsa mer om Rum 3 under kapitel "Våra sju inre rum"

♥♥♥

8

Vägledande livsprinciper från

änglarna

Änglarna vet att du har bett dem om vägledning och de vill att du ska veta att de är här för att hjälpa dig.

Vilken livssituation du än är i så kan du tillämpa följande livsprinciper:

*~ **Det du gör motstånd mot växer**. Det du gör motstånd mot växer eftersom din känslomässiga energi koncentreras till det du fokuserar på. Försök att ändra fokus från det du inte vill ha till det du vill ha in i ditt liv. På så sätt växer istället det du vill ha in i ditt liv.*

*~ **Du kan inte hjälpa dig själv, andra
och världen genom att ägna dina
tankar åt det negativa.** När du riktar din
uppmärksamhet på världens negativa
händelser så förstärks din fokus på det
negativa. Försök att vara medveten om
det som händer i världen, och medvetet
ändra fokus till det som är positivt och
kreativt. Kom ihåg att när du gjort detta
till en vana i ditt liv så kräver det inte
lika mycket energi från dig.*

*~ **Det finns tillräckligt åt alla.***
*Bristtänkande skapar brist. Kom ihåg
att livets goda aldrig tar slut eftersom
det finns mer än tillräckligt åt alla. Det
är meningen att livet ska vara rikt. Låt
ditt liv fyllas av kärlek, tillit, medkänsla
och överflöd och du kommer alltid att
ha ett rikt liv.*

*~ **Dina tankar och känslor är dina redskap, din nyckel och porten in till ett rikt liv.** När du väl har tagit till dig den djupa insikten att källan till allt överflöd ligger bortom dina tankar och känslor kan du låta dina tankar och känslor vara dina redskap för källan. Källan kommer då att visa dig hur du kan skapa det liv som du är ämnad till att leva och hur det automatiskt och utan ansträngning från din sida dras till dig och kommer in i ditt liv.*

*~ **Välsigna allt och alla.** När du börjar välsigna allt och alla, så även dig själv, så kommer du automatiskt och ansträngningslöst att lösa upp negativitet och missämja. På så sätt kommer du att komma i samklang med änglarnas energi och leva ditt liv enligt denna höga frekvens. Ett tips är att starta dagen med följande änglabön:*

"Mina kära änglar,
Vart vill ni leda mig idag?
Vad vill ni att jag ska göra?
Vad vill ni att jag ska säga?
Och, till vem?
Låt mig välsigna allt och alla jag möter
med er kärleksfulla energi.[9]

Amen"

♥

---

[9] För att tillämpa detta budskap i ditt liv kan du läsa mer om Rum 4 under kapitel "Våra sju inre rum"

♥♥♥

9

Några fler vägledande livsprinciper

från änglarna

Änglarna vill hjälpa dig med att förstå att varje situation som dyker upp i ditt liv antyder följande fråga som änglarna vill att du ställer dig själv:
"Är jag villig att gå tillräckligt djupt inom mig själv för att finna den klarhet som behövs för att växa och utvecklas av den här situationen?"

Det är den andliga och djupare frågan bakom varje situation som uppstår i livet. Det är inte vad som händer oss, utan vad vi gör med det som händer och vilka människor vi beslutar oss för att bli på grund av det som händer.

Änglarna är här för att tala om för dig att "andliga principer" förändras inte, men vi gör det. När vi mognar, växer och utvecklas får vi tillgång till djupare information som vi kanske endast förstått på ett abstrakt plan tidigare.

Änglarna vet att du redan är djupt förankrad i några utav de andliga principerna som änglarna förmedlar. Och nu anser änglarna att du är redo för några fler.

~ När besvärliga situationer uppstår är inte lösningen att delta i det yttre kaoset, utan lösningen är att sakta ner, gå på djupet och skära igenom mörkret med ljuset för att finna stillheten. Endast där finns en hållbar lösning.

~ Den värld vi vill skapa för oss själva och våra barn kommer inte att uppstå ur en ökad elektronisk överföringshastighet utan ur en andlig stillhet med rötter i själen.

~ Ytliga förändringar hjälper inte. Den tiden är förbi då vi skyller på yttre omständigheter. Med det menar änglarna att det inte är en förändring i rummet och tiden som behövs, utan snarare en förändring i vårt eget sätt att se världen på.

Änglarna vill att du ska vara uppmärksam på dina drömmar, människor du möter, filmer du ser, musik du lyssnar på och konstnärliga objekt som du tittar på. Det kommer att vara en nyckel för dig till ett nytt sätt att se världen på.[10]

♥

---

[10] För att tillämpa detta budskap i ditt liv kan du läsa mer om Rum 7 under kapitel "Våra sju inre rum"

10

För in ljuset istället för att bekämpa

mörkret

Änglarna vill visa dig att det räcker med att du förverkligar deras energi och är en ängel på denna jord. Mer behöver du inte göra. Du behöver inte kämpa så. Det räcker med att DU ÄR LJUSET.

Du behöver inte göra det till din uppgift att försöka ta bort mörkret inom dig, inom någon annan eller ute i världen. Det räcker med att du för in ljuset.

Skifta din intention och syfte till att föra in ljuset istället för att bekämpa mörkret.

Änglarna vill att du ska förstå att om du börjar bekämpa något, framför allt mörkret, så är det troligt att du kommer att förvandlas till precis det som du försöker bekämpa.

Omedvetenhet, dysfunktionellt och egoinriktat beteende, kan aldrig besegras genom angrepp. För även om du kommer att besegra din "motståndare" kommer omedvetenheten bara att flytta över till dig, eller så dyker "motståndaren" upp i en ny förklädnad någon annanstans.

Änglarna vill att djupt inom dig ska anamma och tillämpa en utav de viktigaste andliga lagarna:
Allt som du kämpar emot, förstärker du och allt som du gör motstånd mot lever kvar.

*Änglarna vill också att du djupt inom
dig ska anamma och tillämpa en annan
utav de viktigaste andliga lagarna:
De som Gud har fört samman, kan ingen
människa skilja åt och allt som tillhör
DIG kan ingen annan ta ifrån dig.*

*Änglarna ber dig att slappna av och
göra utrymme för ditt ljus att skina
klart.
Känn djupt inom dig allt det du behöver
känna utan att sätta någon etikett på
det, och överlämna sedan allt till
änglarna.
Då kommer änglarna att fylla dig med
allt ljus som du behöver och du i sin tur
kommer att fylla alla du möter med ditt
ljus.[11]*

♥

---

[11] För att tillämpa detta budskap i ditt liv kan du
läsa mer om Rum 4 under kapitel "Våra sju inre
rum"

11

Skillnaden mellan roll och identitet

Änglarna vill lära dig förstå skillnaden mellan en roll och en identitet.

Alla spelar vi olika roller i våra liv. Vi spelar rollen som förälder, vän, kollega, partner och så vidare. Dessa roller anses vara nödvändiga för oss för att kunna leva ett socialt liv tillsammans med andra människor. Men, änglarna vill att du ödmjukt ifrågasätter denna trosföreställning. Är det nödvändigt att spela en roll i den nya medvetenheten som håller på att födas fram och växa på den här planeten?

Varje roll som du spelar är en falsk självbild och när du identifierar dig med denna bild av dig själv blir den till din identitet.

En identitet skapas först när du får en känslomässig bindning till din roll. Det vill säga när du identifierar dig med en roll som du spelar så skapas en identitet. Denna identifiering kan vara personlig eller kollektiv och kan sitta väldigt hårt fast och vara svår att släppa då vi så länge har övat på att spela denna roll.

När du inte spelar en roll betyder det att det inte finns något ego i det du gör. Det finns ingen bakomliggande agenda som går ut på att skydda dig själv eller förstärka dig själv.

När du klarar av att göra vad som krävs av dig i varje situation och stå kvar i din sanning utan att det blir till en roll som du identifierar dig med, då har du lärt dig konsten att "vara dig själv". Du blir då oerhört kraftfull i allt du gör. Då utförs handlingen för sin egen skull istället för som ett sätt att skydda,

*förstärka eller rätta dig efter din roll
och identitet.
Du försöker inte vara någon särskild,
utan är helt och hållet dig själv.*

*Att "vara dig själv" innebär att känna
dig helt tillfreds med att inte ännu fullt
ut veta vem du är, tills du vet. Då är det
som blir kvar den du är, det vill säga du
kan helt och hållet "vara dig själv".
Du försöker då inte vara någon du inte
är och du slutar upp med att lägga till
mer onödigt bagage på den du är.*

*Du behöver inte oroa dig för hur andra
människor definierar dig. När andra
människor definierar dig begränsar de
sig själva, vilket är deras problem.*

Änglarna ber dig att öva när du interagerar med andra människor att vara där främst som medvetenheten bortom en roll och identitet istället för att fylla en funktion i en speciell roll. Då kommer äkta självkänsla automatiskt att infinna sig.[12]

♥

---

[12] För att tillämpa detta budskap i ditt liv kan du läsa mer om Rum 2 under kapitel "Våra sju inre rum"

♥♥♥

12

Bortom egot finns den DU ÄR

*Änglarna vill visa dig att det finns ett
starkt samband mellan din yttre
verklighet och ditt medvetandetillstånd.*

*Änglarna ber dig om att inte förväxla
egot med din eller någon annans äkta
identitet. Det är bortom egot som "den
DU ÄR" finns.*

*Änglarna vill hjälpa dig med att se egot
för vad det är, för när du känner igen
egot hos dig eller någon annan blir det
mycket lättare att förhålla dig neutral
till egot och inte reagera på det. Att
sluta med att reagera på egot är att inte
längre få någon känslomässig reaktion
som styr ditt beteende.*

Det kan visa sig som att:

~ Du tar det inte personligt längre

~ Det finns inte längre några klagomål

*~ Det finns inte längre några
beskyllningar*

*~ Det finns inte längre några
anklagelser*

*~ Det finns inte längre några kritiska
omdömen*

*~ Du ger inte längre bränsle åt det
drama som egot spelar och frodas av*

*Istället infinner sig en djup medkänsla
med allt och alla, framför allt med dig
själv.*

69

Änglarna vill att du ser situationen som du är i och personen som finns med i den situationen med medkänsla, och inte genom egots ögon. Änglarna kommer att hjälpa dig med att gå bortom egot.[13]

♥

---

[13] För att tillämpa detta budskap i ditt liv kan du läsa mer om Rum 7 under kapitel "Våra sju inre rum"

13

Vad vill du uppleva i ditt liv?

Frid eller drama?

Änglarna vet att du längtar efter att få uppleva frid och att du undrar varför det hela tiden istället uppstår drama.

Egot älskar drama.

Själen älskar frid.

Du längtar efter frid. Alla längtar efter frid. Det finns ingen som inte längtar efter frid. Vilket betyder att du längtar efter din själ. Alla längtar efter sin själ.

Änglarna vet att det samtidigt även finns någonting annat hos dig som vill ha drama och som omedvetet eller medvetet söker sig till konflikter.

*Konflikterna kan vara inom dig eller
uttryckas och visas i det yttre. Detta är
egot som livnär sig och frodas av
drama, det vill säga konflikter av alla
dess slag.*

*Kan du, just nu, känna att det finns en
inre splittring inom dig?*

*Kan du, just nu, känna att det finns
något inom dig som hellre vill ha rätt än
uppleva frid?*

*Kan du, just nu, känna inom dig hur du i
olika situationer identifierar dig med
denna inre konflikt som i sin tur skapar
olika typer utav känsloreaktioner?*

*Om du kan känna detta inom dig så har
du kommit långt i din andliga
utveckling. Då har du börjat vakna
genom att börja lyssna till den nya
medvetenheten som vill födas in i den
här världen.*

Änglarna är här för att säga att din själ vill att du ska lyssna. De vill att du ska lyssna på den där stilla och tysta rösten inom dig som endast kan smeka dina tankar med en fjäderlätt bris.
Första steget är alltid att bli medveten om egot. Kunna se det för vad det är för att sedan känna igen det när det dyker upp hos dig själv och andra.

Nästa steg är att veta att du har ett val och sedan lära dig att välja det högsta valet för alla inblandade. Det gör du genom att öva. När du väl känner igen egot inom dig så har du alltid ett val när olika situationer uppstår. Då kan du välja att tolka situationen och agera efter ditt ego, som alltid skapar drama. Eller, så kan du välja att tolka och agera efter din själs röst, som alltid skapar frid.

Detta är ditt fria val. Detta är det enda
du någonsin behöver välja mellan.
Frid eller Drama.

Änglarna vet att du står inför ett sådant
val och änglarna kommer att hjälpa dig
igenom detta.[14]

♥

---

[14] För att tillämpa detta budskap i ditt liv kan du
läsa mer om Rum 3 under kapitel "Våra sju inre
rum"

♥♥♥

14

Stå upp för dig själv och din sanning

Änglarna vill hjälpa dig med att stå upp för dig själv, det du tror på och dina beslut.

Änglarna beskyddar dig, din familj och allt som du skapar- nu och för alltid.

Änglarna hjälper dig att skära igenom illusionens slöja så att du kan leva i den absoluta sanningen, och ger dig modet till att göra de livsförändringar som behövs för att du i trygghet ska kunna arbeta med din gudomliga kallelse.

Änglarna hjälper dig att släppa bindningen till ditt förflutna. Tillåt änglarna att kapa alla bindningar till de relationer som inte längre fyller någon funktion i ditt liv.

Tillåt även änglarna att kapa alla känslotillstånd och invanda tankemönster som är kopplade till minnen som inte längre tjänar något syfte.

Tillåt änglarna att hjälpa dig att bli fri och leva i denna frihet för all evighet.

Änglarna hjälper dig att släppa taget om alla självdestruktiva tankar, känslor och beteenden, så att du kan leva i total sinnesfrid.

Änglarna ber dig att stå upp för dig själv, det du tror på och dina beslut. Även om det kan kännas lockande att ge med sig för någon annans vilja, så ber änglarna dig om att stå fast vid ditt beslut.

Du vet vad du gör och var du är på väg. Du behöver inte försvara dig själv eller förklara varför.

Människor i din närhet kanske inte, just nu, förstår ditt syfte och din vision eftersom du är en av dem som går först i ledet. Våga vara den som andra människor vill följa.

Änglarna är med dig och hjälper dig. Du kommer att lyckas!

Stå stadigt och backa inte, för det är viktigt att du står upp för din övertygelse.

Håll ut och stå stadigt i kärlekens ljus. Tänk ljusa tankar, känn kärlek och agera med övertygelse.

Det värsta är nu bakom dig och din framtid är nu tryggt skyddad av änglarna.[15]

♥

---

[15] För att tillämpa detta budskap i ditt liv kan du läsa mer om Ärkeängel Mikael under kapitel "De fyra nivåerna och de fem F:en"

15

Tacksamhetens gåva

Änglarna vill påminna dig om kraften i tacksamhetens gåva.

Änglarna vill hjälpa dig med att skifta fokus ifrån allt det som inte är bra med ditt liv och allt det som du inte har, till allt det som är bra med ditt liv och allt det som du redan har.

Att fokusera på det du har och det som är bra i ditt liv är ett konstruktivt sätt att skifta perspektiv från självsabotage till självförverkligande.

Änglarna vet att du just nu har fastnat i ett självsaboterande tankemönster av invanda tankar och känslor som äter upp dig inifrån.

*Änglarna vill att du ska veta att detta är
endast invanda tankar som du själv kan
välja att förändra i denna stund, utan att
anklaga dig själv eller lägga skuld på
någon eller något annat. För in ljuset,
istället för att försöka ta bort mörkret.
Då kommer automatiskt mörkret att
avlägsnas, eftersom mörkret inte kan
befinna sig på samma plats där ljuset är
starkt närvarande.*

*Detta är att ta tillbaka kraften till ditt
eget liv. Änglarna vill hjälpa dig med
det NU.*

*Änglarna ber dig att NU, och sedan
varje dag framöver, skriva ner en sak i
ditt liv som du är tacksam för. Sedan
skriver du tre anledningar till varför du
är tacksam för just detta.
De tre anledningarna blir då din
intention och ditt syfte som alltid är den
drivande kraften och energin bakom det
som händer, vilket i sin tur är den
energin som du attraherar in i ditt liv.*

Jag är tacksam för_____

Därför att:

   1. _____
   2. _____
   3. _____

Det här hjälper dig att styra om din inre kompass från självsabotage till självförverkligande genom att du för in tacksamhetens gåva i din vardag.

Änglarna tackar Dig för att Du har valt att finnas här på jorden just nu.

Därför att:

   1. Du är kärleken...
   2. Du är tilliten...
   3. Du är modet som behövs här på jorden just nu.

Änglarna viskar: "Jag älskar Dig"!

Du är så nära att upptäcka varför du har valt att befinna dig här på jorden just nu. Håll ut! Du är så nära att upptäcka den Du verkligen Är bortom all smärta, allt lidande och allt självsabotage.

Du är på väg till att förverkliga dig själv. Detta är inte något du kan tänka dig till. Detta är något du behöver uppleva. Och när du väl har upplevt detta, så vet du vem Du verkligen Är och du kommer aldrig att behöva ifrågasätta detta mer.

Fram tills dess så ber änglarna dig att praktisera tacksamhetens gåva. Och när du minst anar det så kommer alla Guds välsignelse att skölja över dig, i dig och runt dig och du kommer att förstå vad änglarna försöker visa dig.[16]

♥

---

[16] För att tillämpa detta budskap i ditt liv kan du läsa mer om Rum 6 under kapitel "Våra sju inre rum"

♥♥♥

16

Att leva i sann överensstämmelse med

sig själv

"I rädslan förhåller sig människan till det farliga i omvärlden, i ångesten förhåller hon sig till det farliga inom sig. Ångesten är människans känsla av att inte vara i sann överensstämmelse med sig själv. Just i insikten om ångesten och skulden uppnår människan medvetandet om sin egen frihet."

-Kierkegaard-

Änglarna är här för att hjälpa dig komma till insikt om vad det innebär att leva i sann överensstämmelse med sig själv.

Änglarna vet att du redan har gått en bra bit på den andliga vägen och att det nu är dags att verkligen överlämna allt det som inte längre är Du, som du inte

83

*längre behöver och som inte tillhör Dig.
Detta gäller både i det inre som i det
yttre.*

*Du kommer steg för steg framöver att
bli mer och mer medveten och
uppmärksammad på vad som inte längre
stödjer dig i livet. Änglarna ber dig om
att inte se detta som ett straff, utan som
en välsignelse. Allt det som inte längre
tillhör dig och ditt liv behöver rensas ut
eftersom du har förändrats och något
nytt är på väg in. Det är din uppgift nu
att göra plats och utrymme för att det
nya ska kunna komma in.*

*Änglarna vill att du startar med en
riktig storstädning, både i det inre och i
det yttre. Ibland kan det vara lättare att
börja i det yttre. Gör en riktig
storstädning hemma och rensa ut allt
det som du inte längre vill ha med dig in
i framtiden.*

*Tacka varje sak och ting som du rensar
ut med eftertanke, eftersom varje sak
och ting som du rensar ut i det yttre
rensas också från ditt inre. Det är nu
dags att verkligen kavla upp
skjortärmarna och se till att jobbet blir
gjort. Ingen mer förhalning!*

*Sedan är det dags att rensa i det inre.
En bra metod för att rensa i ditt inre är
meditation. Att meditera är som att
dränka in en smutsfläck med tvålvatten
och låta den stå över natten för att
mjukna upp och sedan sköljas bort.*

*Änglarna ber dig om att ta dig tid till
meditation för att ta itu med rädslans
djupaste lager och varsamt skölja bort
dess inverkan på dig. Det är dags nu att
inte endast byta ut innehållet, utan även
att bygga upp en ny grund och struktur
där innehållet kommer att bestå av ljus
och kärlek, och inte rädsla, skuld och
ångest.*

Änglarna vill att du ska känna tillit till att de vet vad de gör. Lita på processen och låt den få ta den tid den behöver.[17]

♥

---

[17] För att tillämpa detta budskap i ditt liv kan du läsa mer om Rum 1 under kapitel "Våra sju inre rum"

♥♥♥

17

Kreativitetens kraft

*Änglarna är här för att hjälpa dig att
uppleva kreativitetens fulla kraft som
leder dig till din livsuppgift.*

*Änglarna vill hjälpa dig med att ha
nyfikenhet snarare än rädsla som
drivkraft i ditt liv eftersom att leva
kreativt är de modigas väg, och
änglarna är här för att säga att du är en
av de modiga.*

*Änglarna vill att du ska förstå den
universella frågan om varför du är här,
därför att änglarna vet att du ställt den
frågan många gånger.*

De människor som har funnit svaret på denna fråga utstrålar en viss slags energi som andra människor dras till och deras tillvaro är fylld av mening. Den insikt de vunnit om syftet med sitt liv ger dem förmågan att glädjas åt livet när det är bra och styrka att klara av de svåra perioderna i livet.

Änglarna ber dig om att inte gripas av panik om du inte vet vad ditt ändamål är just nu, utan börja bara med att titta lite extra på den frågan och lita på de svar du hör från ditt inre. Dina inre röster finns där för att leda dig till storslagna höjder.

Änglarna vet att du vid något tillfälle i livet fått en glimt av din kallelse, men av någon anledning valde du att inte följa den.

Du läser på det här just nu därför att
änglarna vill ge dig en andra chans.
Änglarna är här just nu med sin energi
för att ge dig insikt om din livsuppgift
och även mod till att följa den.

Tillåt änglarna vägleda dig till att göra
sådant du gillar och tycker om, helt
enkelt bara för att du mår bra när du
gör det.

Änglarna vill att du med säkerhet ska
veta att du är utvald. Du har nu
tillåtelse till att leva ett kreativt liv.

Änglarna vill att du ska veta att du är
välsignad.[18]

♥

---

[18] För att tillämpa detta budskap i ditt liv kan du läsa mer om Ärkeängel Gabriel under kapitel "De fyra nivåerna och de fem F:en"

18

En av de största gåvorna du kan ge en

annan människa

Änglar vill hjälpa dig med att förstå att en av de största gåvorna som du kan ge en annan människa är att du så varmhjärtat som möjligt uttrycker det som är sant för dig.

Det krävs en hel del mod och vishet att veta vad du kan säga och vilket som är rätt tillfälle att säga det. Änglarna vill därför ge dig några råd och tips:

~ Om du inte är säker på om det är rätt att säga en viss sak; avvakta tills du känner dig någorlunda säker.

~ Om det känns som om det du tänker säga kommer att hjälpa personen i fråga i hens utveckling; säg så precist, korrekt och varmhjärtat det du har att säga, utan någon personlig åsikt och endast med ren information.

~ Om det känns som om det du har att säga inte kommer att tas emot, eller om personen i fråga inte lyssnar; behåll det du har att säga för dig själv tills det är dags. Kom ihåg att alltid vara medveten om vilken utvecklingsnivå den andre personen befinner sig på (förvänta dig inte att en "förstaklassare" ska kunna bemästra "andragradsekvationer").

~ Om du talar utifrån en önskan om personlig vinning, för att få personen i fråga att göra någonting som du vill; säg då inte någonting alls. Kom ihåg att alltid vara medveten om vilken utvecklingsnivå du själv befinner dig på.

Ibland är det bättre att lyssna än att prata. Personlig vinning kan aldrig vara ditt mål om du verkligen har för avsikt att hjälpa någon annan.

~ Om det du har att säga kommer att tjäna den andra personens högsta potential; säg det du har att säga och uttryck dig med vishet. Den som är vis väljer sina ord med precision. När du uttrycker dig med största möjliga visdom och medkänsla drar du automatiskt in mer av samma sak i ditt eget liv.

Änglarna vill påminna dig om att du är fullt kvalificerad att vara den som visar vägen. Våga vara vis. Våga vara den som är den mest kärleksfulla, medkännande, öppna och sårbara. Föregå med gott exempel och vänta inte på att andra ska vara öppna och visa först.

*Änglarna är här för att säga att du snart
kommer att upptäcka hur stor den
transformerande kraften hos en enda
öppen, vis och kärleksfull människa kan
vara.*[19]

♥

[19] För att tillämpa detta budskap i ditt liv kan du
läsa mer om Rum 2 under kapitel "Våra sju inre
rum"

♥♥♥

19

Ta dig tid för eftertanke och

reflektion

Änglar vill be dig om att ta dig tid för eftertanke och reflektion. Änglarna vill att du varje dag ger dig själv tid för att reflektera över följande frågor:

~ Vad har jag gjort, skapat eller erfarit idag som jag är stolt över?

~ Vilka misstag har jag gjort idag som har gett mig värdefulla insikter och lärdomar i livet? Vilka är misstagen och vilka är lärdomarna/ insikterna?

~ Vad kan jag idag släppa taget om och lämna bakom mig som inte längre förtjänar en plats i mitt liv?

*~ Hur vill jag att den kommande dagen
ska se ut?*

*Änglarna vill att du dagligen använder
dig av de fyra frågorna. Du kan också
enkelt byta ut "idag" med "den här
veckan" eller "det här året".*

*Överlämna sedan dina svar till
änglarna genom att helt enkelt prata
med dem, som en nära och kär vän. De
väntar på ett samtal med dig.*

*Änglarna är alltid med dig och du kan
när som helst kalla på änglarna för
hjälp och vägledning.*

"Mina kära änglar,

*Tack alla änglar för att ni hjälper mig
se min högsta potential.*

*Tack för att lösningen på mitt problem
redan finns här.*

*Tack för att ni hjälper mig att se denna
lösning klart och tydligt.*

*Tack för att ni alltid finns med mig med
all er kärlek".*

*Änglarna viskar tillbaka till dig:
"Jag älskar dig!"[20]*

♥

---

[20] För att tillämpa detta budskap i ditt liv kan du
läsa mer om Rum 4 under kapitel "Våra sju inre
rum"

♥♥♥

20

Från Varför till Hur

Änglar vill att du ska veta att du just nu är i slutet av en cykel i ditt liv. Detta gör att du kan känna ledsamhet, sorg och uppgivenhet. Dessa känslor tillhör processen.

Det är dags nu att avsluta det som inte längre fungerar i ditt liv. Följ med i processen och tillåt alla känslor att få finnas där.

I denna process vill änglarna hjälpa dig med att skifta perspektiv från att ställa frågan Varför till att ställa frågan Hur.

När du börjar använda frågan Hur istället för frågan Varför har du skiftat fokus från ditt ego-perspektiv till ditt

*själs-perspektiv. På så sätt kan du börja
se världen genom ett ängla-perspektiv.*

*~ Istället för: "Varför fungerar inte
detta?" Kan du fråga: "Hur kan jag få
detta att fungera?"*

*~ Istället för: "Varför befinner jag mig i
detta elände?" Kan du fråga: "Hur kan
jag ta mig ur detta elände?"*

*~ Istället för: "Varför hamnar jag i alla
dessa hemska situationer?" Kan du
fråga: "Hur kan jag lära ut kärlek i
denna situation?"*

En av de första frågorna som egot alltid frågar är **Varför**. *En av de böner som änglarna alltid svarar direkt på är frågan* **Hur**.

Ändra detta **Varför** *till* **Hur** *och du kommer alltid att kunna höra änglarna tala till dig.*[21]

♥

---

[21] För att tillämpa detta budskap i ditt liv kan du läsa mer om Rum 5 under kapitel "Våra sju inre rum"

♥♥♥

21

Den gudomliga läkaren finns inom

dig

Änglarna vill hjälpa dig med att förstå
att det finns en läkande kraft inom dig
som är en sorts gudomlig läkare
placerad inne i ditt medvetande.

Denna del av dig kommunicerar med
varje cell i din kropp. Energin i denna
kraft är som en slags intelligens som går
bortom dina egna tankar och känslor,
och som verkar i en dimension som
existerar i djupet av din själ.

Änglarna vill hjälpa dig att nå denna
dimension inom dig, om du tillåter dem.

Änglarna är som en slags bro över- från den mänskliga medvetandenivån till den gudomliga medvetandenivån.

Änglarna är här för att hjälpa dig att läka alla dina sår- kroppsliga, mentala, emotionella och själsliga- så att du kan uppleva helandets sanna natur.

Änglarna vill att du ska veta att din fysiska kropp håller på att helas. Känn hur änglarnas energi omringar dig, omsluter alla delar och absorberas där den behövs.

Änglarna är en äkta och sann healer som hjälper dig att hela din fysiska gestalt. Och för att din fysiska gestalt fullt ska kunna bli helad behöver även dina mentala, emotionella och själsliga sår läka.

Änglarna hjälper dig inifrån och ut.

Änglarna vill att du med visshet ska veta att även DU är en äkta och sann healer.

Änglarna är här för att be dig om att inte vara rädd för att be änglarna om en "tjänst". Du kan aldrig be om för mycket.

Änglarna är alltid närvarande i ditt liv och väntar bara på att du ska kontakta, kommunicera och leva i samklang med deras energi.

Du behöver inte vara rädd för att störa änglarna eller be om för mycket. Änglarna älskar att du ber om en "tjänst". Det finns inga "tjänster" som är för små eller för stora, och de ber aldrig om någon "gentjänst".

Änglarna är ren gudomlig kärlek och
kan därför hjälpa dig på ett äkta och
hållbart sätt eftersom de är helheten,
friden och kärleken som du söker,
längtar efter och eftersträvar.[22]

♥

---

[22] För att tillämpa detta budskap i ditt liv kan du läsa mer om Ärkeängel Rafael under kapitel "De fyra nivåerna och de fem F:en"

♥♥♥

22

Tillämpa meditation till ditt

vardagliga liv för där finner du

svaren på alla dina frågor

Änglarna vet att du gärna vill ha svar
på en fråga som du länge har ställt dig.

För att du ska komma vidare vill nu
änglarna hjälpa dig. Du har länge letat
efter ett tecken och här är tecknet du har
letat efter.

Änglarna vet att det pågår mycket inom
dig just nu och det kan kännas som om
dina tankar lever ett eget liv där den ena
tanken avlöser den andra och skapar
kaos inom dig.

Det är viktigt just nu att du skapar tid för meditation så du kan få tyst i huvudet. Denna tystnad kommer att hjälpa dig.

I denna tystnad kommer en helt ny lösning att träda fram. En lösning som du inte kan tänka dig fram till.

Det är viktigare än du tror att du skapar detta utrymme i ditt liv. Och låt detta utrymme få ta plats i ditt liv, varje dag. Det är dags nu att börja meditera dagligen och skapa en hållbar rutin för detta som passar dig.

Svaret på din fråga är JA.

JA, du är på rätt väg och JA, du kan lita på din egen intuition. Du har kommit långt på din väg och nu är det dags att fördjupa och inte bredda.

Nu är det dags att "välja din väg" där du kan gå djupt, istället för att hoppa hit och dit och inte komma vidare.

Änglarna kommer att guida dig till Din Väg. Var uppmärksam på alla tecken som visar sig så att du med lätthet kan förstå insikten.[23]

♥

---

[23] För att tillämpa detta budskap i ditt liv kan du läsa mer om Rum 3 under kapitel "Våra sju inre rum"

♥♥♥

23

Att vara andlig

*Änglarna vill visa dig att inom varje
människa finns en gudomlig kraft.
Styrkan i denna kraft genomsyrar hela
ditt väsen och gör det möjligt att utföra
allt en människa kan komma på inom
det vida fältet av mänskligt tänkande
och beteende. Denna kraft kan även
kallas din livskraft.*

*Denna kraft har två sidor: Den yttre och
den inre.*

*Den yttre är den som håller vår fysiska
kropp vid liv, det vill säga får hjärtat att
slå, lungorna att fyllas med luft och
sinnena att fungera.*

*Den inre kraften befinner sig ofta i vila,
men kan väckas till liv. Denna inre kraft
är avsevärt mycket större än den yttre.*

*När du upptäcker denna gudomliga
kraft väcker du den inre vilande kraften
till liv och låter den styra din tillvaro
med en högre intelligens än vad du själv
kan tänka dig till. Det ord som ofta
används när en människa har väckt eller
börjar att väcka denna inre kraft är
"andlig".*

*Att vara andlig innebär att inom dig
vidga de gudomliga kvaliteterna så som
kärlek, förlåtelse, medkänsla, klarhet,
vänlighet och så vidare tills dessa
kvaliteter finns i allt du gör, det vill
säga tills du till sist ÄR dem.*

Paramahansa Yogananda beskriver, i sin bok "En Yogis Självbiografi", vad det innebär att på ett direkt sätt uppleva denna gudomliga kraft så här:

"Sri Yukteswar gav mig ett lätt slag på bröstet över hjärtat. Min kropp blev orörligt fastnaglad; luften drogs ur mina lungor som av en väldig magnet. Själen och sinnet miste omedelbart sina fysiska band och strömmade ut som ett flytande, genomträngande ljus från varje por. Kroppen verkade som om den hade dött; ändå visste jag i min intensiva medvetenhet att jag aldrig tidigare hade varit helt levande. Min känsla av identitet var inte längre enbart begränsad till en kropp, utan omfattade atomerna som kringslöt mig. Folk på gator långt borta verkade röra sig mjukt över min egen avlägsna periferi. Rötterna hos växter och träd syntes genom den lätt genomskinliga marken; jag kunde skönja saven strömma i dem. Mitt normala framåtriktade synfält hade nu förändrats till en vid, sfärisk syn som uppfattade allt samtidigt. En omätlig glädje bröt fram utefter min själs lugna, oändliga stränder. Jag förstod att Guds ande är outtömlig lycksalighet; Hans kropp är oräkneliga ljusvävnader. Jag blev medveten om att himlavalvets centrum var en punkt av intuitiv varseblivning i mitt hjärta. En praktfull utstrålning utgick från mitt allra innersta till varje del av den universella strukturen. Jag hörde Guds skapande röst genljuda som **Aum**, den vibrerande Kosmiska drivkraften"[24].[25]

♥

---

[24] Du kan läsa mer om Paramahansa Yogananda under kapitel: "Fakta, forskning och inspration"-Paramahansa och Kriya Yoga.
[25] För att tillämpa detta budskap i ditt liv kan du läsa mer om Rum 7 under kapitel "Våra sju inre rum"

♥♥♥

24

De dolda dimensionerna

*Änglarna vill att du ska finna mod till
att förstå att människans djupaste
längtan inte är längtan efter pengar,
framgång, berömmelse, trygghet eller
ens kärlek från en fysisk partner.*

*Flertalet människor har om och om igen
uppnått allt detta men ändå känt sig
otillfredsställda. Den djupaste längtan
inom varje människa är en hemlighet
som inte avslöjas förrän du är beredd
att skala av alla de dolda delarna av dig
själv.*

*Änglarna är här för de vill avslöja
denna hemlighet för dig. De ber dig
lyssna riktigt noga för de kommer att
viska det i ditt högra öra.*

Änglarna vet att den inre längtan du har är en längtan efter att upptäcka de dolda dimensionerna i livet. Änglarna ber dig att prata med dem. Du kan berätta allt för änglarna. På så sätt skalar du av bit för bit så att du kan upptäcka dessa dolda dimensioner.

För tusen år sedan var den andliga dimensionen fullt accepterad som livets verkliga källa. Idag ser det annorlunda ut och vi måste se livets mysterium med nya ögon. I en tid som denna som präglas av förnuft och vetenskap behöver vi på nytt lära oss om den andliga dimensionens innebörd.

Detta är inte ett projekt som du kan skjuta upp tills du känner dig redo. Du har varit redo länge.

*Om det inte vore för den enorma energi
varje människa lägger ner på att
förneka, undertrycka och tvivla på de
dolda dimensionerna skulle varje
människa leva i en konstant
lycksalighet.*

*Änglarna ber dig om att våga öppna
dörren till livets hemlighet och änglarna
har nyckeln.*

*Du behöver inte förtjäna rätten att få
veta, du föddes med den rätten. Du
behöver inte visa dig värdig, endast
genom att du är född är du värdig.*

*Änglarna vill få dig att förstå att det är
omöjligt för dig att hålla saker hemliga
för evigt, oavsett hur noga vi än
uppfostrats till att tro på motsatsen.*[26]

♥

---

[26] För att tillämpa detta budskap i ditt liv kan du
läsa mer om Rum 1 under kapitel "Våra sju inre
rum"

25

Skillnaden mellan livsuppgift och

karriär

Änglarna vill göra dig uppmärksam på skillnaden mellan din livsuppgift och din karriär.

Sarvepalli Radhakrishnan (Indiens president 1962-1967) lär ha sagt följande:

"Den äldsta visheten i världen säger att vi kan förenas med det gudomliga medan vi lever i denna kropp; för denna människa är verkligen född. Om hennes öde förbigår henne, har naturen inte någon brådska; en dag hinner den ifatt henne och tvingar henne att uppfylla sitt hemliga öde"

Änglarna vill inte att du blandar ihop begreppen livsuppgift med jobb, karriär och något du gör eller utför. Din livsuppgift är snarare något du ÄR, inte något du GÖR.

Däremot kan du bygga en bro mellan din livsuppgift och din karriär. Det kan du göra med redskap så som talang och fallenhet som oftast är så naturligt för dig att du kanske inte ens lägger märke till det, eftersom det är något som finns på ett naturligt sätt inom dig. En talang och fallenhet är sådant du känner att du är bra på, älskar att göra och känner glädje och passion inför.

Änglarna skiljer inte på din och min livsuppgift. Enligt änglarna finns det bara en enda livsuppgift för alla människor, eftersom vi alla är EN. Alla människor har en och samma livsuppgift, men vi har alla olika sätt att uttrycka, utföra och dela med oss av denna uppgift.

Den uppgiften är att hjälpa till att föda fram den nya medvetenheten som vill ta plats på Jorden. Detta gör du bäst genom att uttrycka och dela med dig av den högsta versionen av Den Du Är.

Den Du Är, är en individuation av Gud (du kan också säga medvetenheten, närvaron, källan till allt liv, universum etc. Välj det begrepp som passar dig. För änglarna är det Gud).

Gud inrymmer alla själsegenskaper så som glädje, medkänsla, frihet, vänlighet, ödmjukhet, tillit och så vidare. Alla människor har alla dessa själsegenskaper inom sig, dock framträder någon eller några på ett mer tydligt sätt. Din uppgift är att ta reda på vilken eller vilka själsegenskaper som du har fått till uppgift att dela med dig utav till omvärlden (oftast är det en, två eller tre själsegenskaper). Änglarna kommer att visa dig dessa. Kom ihåg att även alla själsegenskapernas motsats finns inom dig. Ibland kan det vara

*lättare att upptäcka denna motsats. När
du gör det har du kommit långt. Du har
då blivit medveten om vad som finns
inom dig och då har du även ett val att
göra. Du kan välja att uttrycka och
demonstrera din själsegenskap, eller
dess motsats. Det är att välja vem Du
vill vara i detta liv.*

*Vad du gör är alltid en sekundär
uppgift. Vem Du väljer att vara är alltid
din primära uppgift.*

*Kanske är det din uppgift att hjälpa
andra människor att upptäcka detta
inom sig?*[27]

♥

---

[27] För att tillämpa detta budskap i ditt liv kan du
läsa mer om Rum 2 under kapitel "Våra sju inre
rum"

♥♥♥

26

Vart är Du på väg?

*Änglarna vill be dig om att ställa dig
själv följande två frågor:*

> *1. Vart är jag på väg?*
> *2. Vem vandrar vägen med mig?*

*Det viktiga här är att du ställer
frågorna i den exakta ordningen.*

*Änglarna vill få dig att inse att om du
ställer fråga 2 före fråga 1 finns risken
att du följer andra vind för våg och
hamnar på ställen som inte är ämnade
för dig, utan för någon annan.*

*Änglarna vill hjälpa dig att visa dig
vilken väg som är DIN.*

Om du läser det här, just nu, och det känns meningsfullt för dig så är detta ett tecken på att Du är på rätt plats och på rätt väg.

Den stora frågan är då, som änglarna vill göra dig uppmärksammad på, vem vandrar vägen med dig?

Har du människor i din omgivning som lyfter dig, stödjer dig och hjälper dig, eller behöver du sänka dig till deras nivå för att få deras gillande, uppskattning och omtanke?

Kanske är det dags nu att avsluta allt det som inte längre är Du och som inte längre är i linje med den Du vill vara?

*Kanske är du på väg någon helt
annanstans än du var för bara ett år
sedan, eftersom Du har utvecklats?*

*Kanske är det dags att börja om på en
helt annan plats?[28]*

♥

---

[28] För att tillämpa detta budskap i ditt liv kan du
läsa mer om Rum 5 under kapitel "Våra sju inre
rum"

♥♥♥

27

Nödvändiga steg

Änglarna vill att du ska förstå att du har utvecklats. Du är inte densamma idag som du var för ett år sedan.

Varje förändring är ett nödvändigt steg som tillåter oss att göra utrymme för något nytt att komma in i vårt liv.

Änglarna är här för att det är dags för dig att ta nödvändiga steg till en förändring. Änglarna vet att detta är en förändring till det bättre.

Genom varje bakslag lär vi oss att vi inte kan kontrollera dessa förändringar. Utan vi kan endast kontrollera hur vi väljer att hantera dessa förändringar.

När vi inser detta mognar vi och förstår att livet är uppdelat i olika faser och att varje skede i varje fas har sitt eget unika värde.

Änglarna vill att du ska förstå att det är du själv som skapar bedömningen om något är bra eller dåligt.

Människans naturliga instinkt är att alltid vilja ha de positiva sidorna, dock kan insikt endast uppnås när vi bestämmer oss för att acceptera att vara närvarande i det som är just nu. Oavsett om det är positivt eller negativt.
På så sätt kan vi dra lärdom ur varje situation, hur det än ser ut och då lär vi oss att agera kreativt och konstruktivt snarare än reaktivt.

Änglarna vill be dig om att ha modet att titta mer noggrant på alla aspekterna av din situation, just nu.

Se hur alla känslor och tankar färgar din upplevelse av situationen och du kommer att upptäcka något helt nytt som du inte trodde var möjligt.

Änglarna är med dig och de vet att något nytt och bättre väntar på dig runt hörnet.[29]

♥

---

[29] För att tillämpa detta budskap i ditt liv kan du läsa mer om Rum 2 under kapitel "Våra sju inre rum"

♥♥♥

28

Att följa kärlekens direktiv

*Änglarna vill att du ska veta att följa
kärlekens direktiv innebär att följa
änglarnas röst.*

*Änglarnas röst är som en andlig radio
där det är lättast att få bra mottagning
sent på kvällen, tidigt på morgonen eller
när vi mediterar. Det är stunder då
världen och det kollektiva medvetandet
inte tar vår uppmärksamhet i anspråk
och våra tankar och känslor tyngs inte
lika mycket av orolig energi.*

*Änglarna vill att du ska förstå att endast
genom att läsa om andliga principer ger
ingen upplysning. Du behöver tillämpa
dem i ditt liv för att uppleva dem.*

Egot älskar att använda både religion och andlighet som täckmantel, så var uppmärksam. Ett enda ögonblick av upplyst medvetenhet räcker inte heller för att garantera en transformation av ett helt liv.

Änglarna vill att du ska veta att för de flesta är den andliga vägen långsam och bitvis arbetsam. Andlig utövning är som motion, den måste praktiseras och det är vanan som räknas.

Att medvetet ställa sig på kärlekens sida i en värld där rädslans tankar dominerar, är inte alltid lätt men det kommer alltid att ge dig inre frid. Om vi vill förändra världen är det just ett sådant ställningstagande som behövs.

Det finns inget andligt med att undvika världens problem. Målet är inte att undvika världen, utan målet är att läka den. De gudomliga gåvorna kan bara ges till dem som själva försöker förkroppsliga dem.

Vi behöver, som Gandhi sa, vara den förändring vi vill se i världen.

Freden och friden måste börja inom oss själva och sprida sig utåt till andra människor genom att vi interagerar kärleksfullt med dem.

Änglarna vet att du har kommit långt på din andliga väg och ber dig, trots motståndet, att fortsätta framåt och inte ge upp.

Änglarna ber dig att varje dag lyssna på deras röst och följa kärlekens direktiv.[30]

♥

---

[30] För att tillämpa detta budskap i ditt liv kan du läsa mer om Rum 4 under kapitel "Våra sju inre rum"

♥♥♥

29

Ängla-ambassadören är

Den nya människan

Änglarna vill att du ska ta steget till att vara en Ängla-ambassadör. Det är inte något du egentligen blir, utan något som DU ÄR.

Att vara en Ängla-ambassadör innebär att ta del av en andlig välsignelse som vitaliserar människor och som är en del av Den nya människan som vill födas fram här på jorden. Det är Den nya människan som kommer att skapa en ny Jord, "Ett himmelrike på Jorden".

Den nya människan är en Ängla-ambassadör som villigt är med och förnyar världens värderingar på den allra djupaste nivån.

127

Den nya människan byter inte endast ut innehållet, utan bygger upp en ny hållbar struktur med en fast grund att stå på.

Att vara en Ängla-ambassadör betyder inte att du behöver tillkännage detta för alla och envar. En Ängla-ambassadör behöver inte berätta detta för människor som inte har en aning om vad du pratar om. En Ängla-ambassadör lär sig att arbeta i det tysta och att hålla sina egna rådslag.

Änglarna vill att du ska veta att när det gäller andlig visdom är det viktigt att känna till att när du talar vid fel tillfälle, på fel plats eller till fel person kan den som talar verka mer som en dåre än en vis människa.

Planen för en Ängla-ambassadör går ut på att hela en människa i taget genom kärlekens kraft. Denna undervisning har mycket lite att göra med verbal

128

kommunikation. Det handlar mer om en slags kvalitet av mänsklig energi. En Ängla-ambassadör är var och en som väljer att vara det. Det är de som har svarat på änglarnas anrop.

Du har kanske hört talesättet: "Många är kallade men få är utvalda"

Detta betyder att alla är kallade men det är få som orkar bry sig om att lyssna. Änglarnas kallelse är universell och når ut till varje medvetande, men inte alla väljer att lyssna till sitt eget hjärtas kallelse.

Änglarna ber dig att, idag, lyssna på ditt eget hjärtas kallelse. Änglarna är här för att tala om att du är både kallad och utvald.[31]

♥

---

[31] För att tillämpa detta budskap i ditt liv kan du läsa mer om Rum 7 under kapitel "Våra sju inre rum"

♥♥♥

30

Välkommen

*Änglarna tackar dig allra ödmjukast för
att du lyssnar på deras anrop och de vill
varmt önska Dig välkommen som Ängla-
ambassadör.*

*En Ängla-ambassadör är någon som
har medvetet beslutat sig för att hålla en
stark vision av godhet, vänlighet, kärlek
och så vidare i sitt inre så att andra ska
kunna få kontakt med samma vision.*

*En Ängla-ambassadör väljer medvetet
att varje dag tänka och sända positiva
tankar av kärlek och tacksamhet till
minst en person.*

Det finns människor som har till uppgift att hålla en stark vision av fred på jorden, så att andra lätt ska kunna få kontakt med samma vision när de tänker på fred. De är ofta mer eller mindre anonyma, men har valt att hålla en stark vision av fred på jorden levande i sitt inre. På så sätt kan andra människor finna dessa bilder telepatiskt.

Änglarna vill tala om för dig att många av er, redan nu, påverkar jorden telepatiskt med sin egen personliga utsändning.

Vilken slags vision skulle du, i så fall, vilja hålla levande i ditt inre?

Ta ett eget inre beslut om att bli en
Ängla-ambassadör idag och meddela
änglarna detta genom
att säga högt:

*"Jag är villig att vara en Ängla-
ambassadör och hålla visionen
av_____ (fyll själv i vilken
vision du vill hålla i ditt inre) levande i
mitt inre så att andra lätt kan komma i
kontakt med denna vision."*

Förslag på visioner kan vara: (ett tips är
att välja endast en vision och arbeta fokuserat
med denna)
Fred, Godhet, Frid, Kärlek, Vänlighet,
Medkänsla, Glädje, Hopp, Mod, Enhet,
Förlåtelse... etc.

*Änglarna önskar dig en än gång Varmt
Välkommen!*

Det är nu det börjar…

♥

*Vill du utvidga ditt arbete som Ängla-
ambassadör?*

*Då är du varmt välkommen att besöka
antonsdotter.com*

Väl mött!

*Med kärlek,
Rosanna Lariella Antonsdotter*

Fakta, forskning och inspiration

Carl Gustav Jung

Carl Gustav Jung (1875-1961), schweizisk psykolog och religionshistoriker är grundare av den analytiska psykologin som understryker, liksom psykoanalysen, de omedvetna processernas betydelse.

Jung lägger, till skillnad från Freud, betoning på människans medfödda egenskaper som till exempel föreställningen om det kollektiva omedvetna och arketypernas betydelse.

Det objektiva psykets teori har kritiserats för att vara allt för metafysisk, så har även Jung själv kritiserats för att använda begrepp som är alltför starkt färgade av religiöst innehåll. Dock har Jungs teorier visat sig fungera utmärkt som förklaringsmodell i många sammanhang, vilket är syftet till tillämpandet av Jungs teori om individuationsprocessen här.

De viktigaste arketyperna, vilka är processens innehållande element, som människan behöver integrera och bearbeta i individuationsprocessen är:

• Personan
• anima/animus
• skuggan
• Självet

Personan:
Personan är masken som människan visar upp mot omvärlden för att bli accepterad och omtyckt. Utan denna är det omöjligt att nå kontakt med andra. Identifierar människan sig själv så mycket med Personan genom att fullständigt gå upp i ytliga och sociala roller kan människan förlora kontakten med de djupare skikten inom sig vilket förr eller senare skapar en outhärdlig konflikt inom människan. Personan är alltså en roll som människan spelar gentemot yttervärlden. Personan får dock

135

inte förväxlas med personligheten, vilket snarare menas den permanenta bäraren av de olika rollerna.

Jung skriver att *"Personan är det som man egentligen inte är utan det som man själv och andra menar att man är."*[32]

Motsatsen till Personan är själen[33] som i Jungs psykologi visar på människans inställning till den inre världen.

Anima/animus:

Jung menar att anima betecknar den kvinnliga sidan av det manliga psyket, en man har i sitt inre en anima, och animus motsvarar den manliga sidan av det kvinnliga psyket, en kvinna har i sitt inre en animus. För att en människa i sin personlighet ska kunna känna harmoni och bli integrerad behöver de kvinnliga

---

[32] Jung 2007:431

[33] I Jungs psykologi skiljs Själen från psyket. Själen är i Jungs psykologi det psykiska funktionskomplex som står i relation till den psykiska inre världen vilket bildar en motpol till den yttre världen som uppfattas med människans sinnen. (Jung 2007:432)

delarna hos mannen och de manliga delarna hos kvinnan få tillfälle att uttrycka sig. Om detta inte sker låses anima/animus projektionen fast för en tid och binds när den motsvarar något i den verkliga världen. Anima/ animus fungerar som en brygga mellan det individuella medvetandet och det kollektiva omedvetna, liknande hur Personan förmedlar kontakten med yttervärlden.

Skuggan:
Jung kallar skuggan för människans djuriska, primitiva, mörka och våldsamma sida. Jung menar att det är av vikt att identifiera och erkänna sitt eget väsens skuggsida. Om detta inte sker projiceras[34] dessa skuggegenskaper på andra människor. Projicering sker vanligtvis i kontakt med människor av samma kön. Även om människan ser skuggsidan hos motsatt kön störs

---

[34] Projicering menar Jung sker när människor ser sina egna omedvetna egenskaper hos andra. (Jung 1995:172)

137

människan mycket mindre av dessa egenskaper hos det motsatta könet och har lättare för att förlåta.

Skuggan representerar egenskaper hos Personan som människan själv inte kan se och skuggan kan även bestå av kollektiva[35] faktorer som ligger utanför människans eget personliga liv. Skuggan kan vara personlig, kollektiv eller arketypisk. Den personliga skuggan representerar individuella egenskaper som Jaget inte vill kännas vid. Den kollektiva skuggan betingas av motsatsen till miljöns erkända ideal. Den arketypiska skuggan är Självets egen skugga, det mörka i Gud själv, det vill säga det djävulska som strider mot de ideal människan gör sig om det högsta och gudomliga. Att fullständigt acceptera och integrera skuggan innebär att erkänna skuggans existens på alla tre plan.

---

[35] Det kollektiva är psykiskt innehåll som framträder hos många individer, så som livsåskådningar, olika kulturer och vårt sätt att vara i en viss kultur.

138

Självet:
Självets arketyp innehåller alla arketyper det vill säga totalitet. När Självet är identiskt med gudsbilden är individuationen identisk med en gudomlighetens inkarnation[36] i människan.

Jungs teori om Självet skiljer sig här från andra psykologiska företrädare vilka anser att människan endast är summan av de betingelser som format människan i arv och miljö. Jung menar att människan även har en medfödd originalitet vilken inte är knuten till det personliga Jaget[37] utan till en överordnad instans det vill säga Självet. Självet, enligt Jung, är inte något objektivt gripbart. En människa

---

[36] Inkarnation= återfödelse. Energin är den samma som finns i människans energikropp som överlever döden.
[37] Jaget är centrum för uppmärksamhet och begär d.v.s. ett tankeflöde som övergår från en tanke till en annan och önskningar och begär förflyttas från ett objekt till ett annat. (Jung 1995:203)

som är i harmoni med sig själv har ett Själv som styr alla människans delar och människans kluvenhet kan på så sätt skapa en helhet. När Jaget uppgår i Självet uppkommer ett inre och yttre lugn. Själva ramen för individuationsprocessen är befrielsen från Personan och identifieringen med den sociala identiteten. Kärnan i individuationsprocessen är att bli medveten om Självet, på så sätt kan människan skapa sig en ny fokuspunkt. Genom att människan utgår från en ny fokuspunk, från Personan till Självet, har nu Självet tagit ledningen över både medvetet och omedvetet innehåll hos människan, då individuationsprocessen innebär att Personan upplöses, skuggan assimileras[38] och anima/animus integreras och människan finner på så sätt en ny medelpunkt som är Självet. Individuationsprocessen, enligt Jung, innebär en intensiv uppgörelse med det

---

[38] Att assimilera betyder att medvetet leva med den. (Sharp 1994:106)

140

omedvetna för att Jaget inte längre kan vara personlighetens centrum, därför behöver Självet ta ledningen över både det medvetna och det omedvetna i livet. När människan har nått denna totala integration upplever människan det gudomliga på ett annat sätt än människan kunnat göra tidigare. Individuationsprocessen blir på så sätt en bro för människan till att bli hel som människa.

Aktiv imagination och den transcendenta funktionen:
Innan den transcendenta funktionen via det mänskliga psykets uppbyggnad kan förklaras behöver religionens betydelse för Jung bestämt framhållas då Jung gång på gång framhäver att religionen är ett allmänmänskligt fenomen och att den individ som fjärmar sig från den klassiska religiositetens myter och symboler kan bli en kluven människa. Enligt Jung har en splittring mellan tro och vetenskap ägt rum i väst där Jung menar att västerlänningen behöver

komma i kontakt med det omedvetna och på så sätt integrera det omedvetnas material till det medvetna för att i mötet med människans inre kunna uppnå större mognad som människa. Först då kan en integrering ske och kluvenheten inom människan minskas, enligt Jung.

Jung betonar betydelsen av att en medveten individuationsprocess endast kan äga rum genom en personlig konfrontation med det omedvetna och integrering av dess innehåll. Jung definierar religion som ett samvetsgrant iakttagande av det som Rudolf Otto kallade *numinosum*[39], och om den religiösa människan talar om gudar som en religiös upplevelse hävdar Jung sig veta att Gud existerar då Jung säger sig inte tro på Gud, Jung menar sig veta.

Religionen kan sägas vara Jagets förbindelse med ett psykiskt icke-jag, det vill säga det som Jung menar är det

---

[39] Numinosum: Rudolf Ottos begrepp av "det heliga" vilket anses vara den egenskap som tillhör det gudomliga och en makt som griper tag i och behärskar människan.

142

objektiva psyket där Jaget genom religionen som funktion träder i förbindelse med det kollektivt omedvetna. Jung betecknar den förändring som uppnås genom uppgörelsen med det omedvetna som en transcendent funktion där den transcendenta funktionen är den psykiska länk som skapas mellan Jaget och det omedvetna som ett resultat av drömarbete och aktiv imagination[40] och är därför central för individuationsprocessen.

Arketyper:

Arketyper är bilder, symboler, föreställningar och idéer som Jung menar finns i det kollektiva omedvetna som en viss given gestaltande fantasiform. Arketyper motsvarar på ett teoretiskt plan vad instinkten betyder för handlingsberedskapen där arketyper framträder via konkreta gestaltningar av

---

[40] Imagination: Fantasi, inbillningsförmåga och visualisering som praktiskt kan utföras på otaliga kreativa sätt.

bakomliggande motiv. Arketyper kan vara urbilder för att kunna verka som gemensamma förändringsprocesser och utvecklingssprång för såväl den enskilda människan som för mänskligheten i stort.

Det kollektivt- och personligt omedvetna samt Jaget:
Inom den analytiska psykologin finns ytterligare ett lager av psykets innehåll som anses vara objektivt vilket inom den analytiska psykologin kallas det kollektiva omedvetna. Den jungianska ståndpunkten är att det omedvetna, det vill säga den symboliska verkligheten, uppgår till 99% av psyket.

Det medvetna, det vill säga den del som är upptagen med tecken och språk, utgör endast en liten del av verkligheten. Inom den jungianska psykologin, till skillnad från den freudianska terminologin, används inte begreppet undermedvetet. Jung väljer istället att använda begreppet omedvetet då det omedvetna är oerhört mycket mer än Personans undertryckta innehåll där det omedvetna inte anses vara "under" det medvetna.

Det kollektivt omedvetna och det personliga omedvetna är psykologiska gränsbegrepp som täcker alla de psykiska innehåll och förlopp som ännu inte har medvetandegjorts, det vill säga inte medvetandegjorts på ett av Jaget iakttagbara sätt. Jung skiljer mellan det personliga omedvetna, vilket omfattar alla de personliga fenomen som av någon anledning glömts bort eller genom bortträngning blivit omedvetna på grund av olika slags trauman, och det kollektivt omedvetna som existerar före all individuell erfarenhet. I båda fallen är det omedvetna kompensatoriskt till det medvetna. Jaget är den Jag vet att Jag är, men som ingen annan människa kommer att förstå.

Individuation:
Individuation betyder att bli ett enskilt väsen, då individuation avser att nå det innersta, definitiva och ojämförbara och att bli ett eget Själv. Därför kan

145

individuationen även översättas med självförverkligande.

Processen mot individuationen kallas individuationsprocessen och får inte förväxlas med individualism.

Individuationens mål är att frigöra Självet från Personans oäkta hölje och de omedvetna bildernas suggestiva makt. Personan är ett invecklat system mellan det individuella medvetandet och samhället, det vill säga en slags mask som är avsedd att göra ett bestämt intryck på omgivningen och dölja individens verkliga väsen.

Jung anser att individuationen inte endast kan vara önskvärd utan även ett måste för att kunna skapa en helhet, då identifikationen med Personan kan skapa en sådan stark splittring inom människan att människan kan begå handlingar i oenighet med sig själv.

Jung anser att omedvetenhet, och inte synd eller skuld, är ondskans ursprung. Avvikelse från individuationen och Självets aningar kan, enligt Jung, skapa både missförstånd och sjukdom.

146

DE PSYKOLOGISKA TYPERNA;
attitydtyper och funktionstyper:

Jungs typologimodell växte i huvudsak fram från Jungs egna personliga upplevelser. Så här skriver Jung själv om hur de psykologiska typerna uppstod:

> "I mitt praktiska läkararbete med nervösa patienter har det sedan länge fallit mig i ögonen, att det vid sidan av de många individuella olikheterna i den mänskliga psykologin också finns typiska skillnader; närmare bestämt urskilde jag till en början två typer, som jag betecknade som introversions- och extraversionstypen".[41]

Ovanstående citat betecknar de två attitydtyperna, extraversion och introversion. Extraversion och introversion är två olika psykologiska förhållningssätt som människan använder för sin *adaption*[42].

---

[41] Jung 1993:13-14
[42] Adaption: Med begreppet "adaptera" menas här processen att komma på god fot med både den yttre världen och de egna psykologiska förutsättningarna.

147

Vidare visar attitydtyperna hur en människa riktar sin *libido*[43].

Så här förklarar Jung själv den psykiska energin:

> "Alla psykiska fenomen kan ses som manifestationer av den psykiska energin, på samma sätt som alla fysiska fenomen har uppfattats som energimanifestationer ända sedan Robert Mayer formulerade lagen om energins oförstörbarhet. Subjektivt och psykologiskt uppfattas denna energi som lust. Jag kallar de för libido och använder ordet i dess ursprungliga betydelse, vilken på intet sätt är enbart sexuell."[44]

Som ovanstående citat visar kan den psykiska energin riktas inåt eller utåt. En människa som riktar den psykiska energin inåt mot de egna inre tankarna och subjektiva upplevelser kallas för att vara introvert. En människa som riktar

---

[43] Libido betecknar den psykiska energin i allmänhet. Viktigt att nämna är att Jung avgränsade klart sitt libidokoncept från Freuds. Freuds libidokoncept hade övervägande en sexuell betydelse, vilket Jung tar avstånd ifrån.
[44] Sharp 1993:104

den psykiska energin utåt mot andra människor eller andra objekt kallas för att vara extravert.

Extraversion:
Jung beskriver extraversion så här:

> "Typisk inställning som utmärker sig genom koncentrationen på ett yttre objekt. Motsatsen: introversion".[45]

Den extraverte typens intresse riktar den psykiska energin huvudsakligen på yttre objekt, vilket är en utåtvändning av libidon. Egenskaper som den extraverte typen har, kan vara: aktiv, tillmötesgående, varm, optimistisk, hänger med, obekymrad, slösaktig, meddelsam, mångordig, har "bredd", populär.

---

[45] Jung, Mitt liv 2007:427

Introversion:

Jung beskriver introversion så här:

"Typisk inställning som utmärker sig genom koncentration av intresset på inomsjälsliga processer. Motsats: extraversion".[46]

Introversionen är en attitydtyp där intresset framför allt är inriktat på skeenden inom det egna psyket där libidon vänder sig inåt, vilket betyder att intresset rör sig inte mot objektet utan drar sig tillbaka till subjektet.

Egenskaper som den introverte typen har, kan vara: passiv, reserverad, kall, pessimistisk, uthållig, försiktig, sparsam, diskret, exakt, har "djup", förnäm.

Förutom attitydtyper beskriver Jung även fyra olika funktionstyper där attitydtyperna hittar sin styrka i någon av funktionstyperna.

---

[46] Jung 2007:428

150

De olika funktionstyperna är:

- Tanke
- Känsla
- Intuition
- Perception

Tanke: använder det kognitiva, logiska, rationella tänkandet. Värderar på ett intellektuellt sätt. Analyserar.
Känsla: använder känslan för att värdera omgivningen.
Intuition: avläser situationer med hjälp av intuitionen där själva processen och inte målet är det viktiga. Ser bortom det som ännu inte blivit verkligt.
Perception: avläser omgivningen via sinnena, där syn, hörsel, smak, lukt och känsel är viktiga. Objektinriktad, där själva målet och inte processen är det viktiga.

Funktionstyperna visar vilken psykologisk funktion som en människa är mest bekväm i, där en funktion anses dominerande, dock har alla människor en primärfunktion och en sekundärfunktion. Tanke och känsla anses vara värderande funktioner och indelas som rationella funktionstyper. Intuition och perception anses vara avläsande funktioner och indelas som irrationella funktionstyper, där både de rationella och irrationella funktionstyperna ställs på sin spets vid beslutsfattande val för en människa.

Den introverta tänkande typen:

Den introverta tänkande typen kännetecknas av att tänkandet dominerar där subjektet och inte objektet är det viktiga och där strävan är att fördjupa sig snarare än att breda ut sig. Den introverta typens tänkande är positivt i utvecklandet av idéer, dock kan denna typ vara svår att förstå för omgivningen då tänkandet kan ta sig närmare de mytologiska uttrycken. Den introverta tänkande typen är dock inte ute efter att vinna någon annans uppskattning.

Den introverta kännande typen:

Den introverta kännande typen dominerar främst hos kvinnor. Den introverta kännande typen leds främst av en subjektivt orienterad känsla vilket kan leda till att det verkliga motivet vanligen blir dolt för omvärlden. Utåt sätt är den introverta kännande typen harmonisk, följsam, svårtillgänglig, svår att förstå sig på och vill varken synas eller framträda. Denna typ försöker inte göra intryck på andra människor, påverka eller förändra andra människor på något sätt.

Den introverta förnimmelsetypen (perception):
Den introverta förnimmelsetypen är starkt präglad av vissa bestämda egenskaper som skapar speciella kännetecken för denna typ. Typen är irrationell och rättar sig helt efter det som sker. Den extraverta förnimmelsetypen bestäms av objektets påverkan, medan den introverta förnimmelsetypen orienterar sig efter den subjektiva förnimmelsen som utlöses av ett visst objekts stimuli. Därför finns inget uppenbart samband mellan objekt och förnimmelse vilket gör att den introverta förnimmelsetypen aldrig kan förutse vad

153

som väntar vilket gör att denna typ är ytterst svår att förstå sig på för den objektive iakttagaren, liksom den introverta förnimmelsetypen har svårt att förstå sig själv.

Den introverta intuitiva typen:
En konstnär, mystiker eller ett geni kan ses som den typiska introverta intuitiva typen som i allmänhet har en förmåga att begränsa sig till intuitionens perceptiva karaktär. Den introverta intuitiva typens fördjupande av intuitionen leder till att typen ofta avlägsnar sig från den pågående verkligheten som leder vidare till att den introverta intuitiva typen blir en gåta för omgivningen och svår att förstå sig på.

Den extraverta tänkande typen:
Den extraverta tänkande typen strävar efter att göra intellektuella slutsatser vilka är orienterade mot objektiva fakta eller allmängiltiga idéer. Vidare höjer den extraverta tänkande typen den objektiva verkligheten till skyarna där

denna typ anses vara starkt begåvad av omgivningen. I vetenskapens historia finns många forskare som kan kalla sig en extravert tänkande typ.

Den extraverta kännande typen:
Liksom den introverta kännande typen kännetecknas även den extraverta kännande typen mest utav kvinnor. För den extraverta kännande typen svarar känslorna mot objektiva situationer och allmänhetens värden. För en yttre objektiv iakttagare kan den extraverta kännande typen anses lynnig då denna typ ständigt ändrar känslokurs utefter ett yttre skiftande objekt.

Den extraverta förnimmelse typen (perception):
Den extraverta förnimmelsetypen uppmärksammar det yttre i livet och är orienterad mot njutning och glädje. Den extraverta förnimmelsetypen saknar förståelse för den abstrakta verkligheten då denna typ är mer utvecklad mot objektiva fakta och är mästare på

detaljer. Den extraverta förnimmelsetypen riktar den psykiska energin främst mot objekt, människor och situationer, vilka väcker deras sinnen till liv och skapar på så sätt ett starkt band till den yttre världen.

Den extraverta intuitiva typen:
Den extraverta intuitiva typens intuition är främst orienterad utåt mot andra människor och saker vilket gör att denna typ har en förmåga att uppfatta vad som händer bakom kulisserna där intuitionen kan ses som ett "sjätte sinne". Den extraverta intuitiva typen är ständigt på jakt efter nya möjligheter och nya områden att upptäcka, där den aktuella situationen sällan är intressant någon längre tid. Karakteristiskt för den extraverta intuitiva typen är bristen på omdöme, då det främst är visionen som räknas, vilket kan leda till andra människor uppfattar denna typ som okänslig och utnyttjande.

Jung skriver själv så här om de olika typernas förståelse med varandra:

156

"Det är ett faktum som alltid slår mig med överväldigande kraft i mitt praktiska arbete, att människan är nära nog oförmögen att förstå och acceptera någon annan ståndpunkt än sin egen. När det gäller småsaker kan allmän ytlighet, kombinerad med en inte alltför vanlig fördragsamhet och tolerans och en lika sällsynt välvilja medverka till att överbrygga avgrunden av oförståelse mellan människor. Men när det gäller viktigare saker, och särskilt sådana där typens ideal kommer i fråga, tycks en ömsesidig förståelse närmast tillhöra det omöjliga".[47]

Ovanstående citat visar tydligt Jungs eget ställningstagande i denna fråga.

Av vikt är också att tillägga Jungs egen personliga och privata situation när Jungs typologi växte fram. Jungs psykologiska typteori bildades då Jung själv bröt upp med viktiga personer i Jungs liv, däribland Sigmund Freud.

Intressant med Jungs tankegångar är även att det enligt Jung finns en kompensatorisk tendens i det omedvetna

---

[47] Jung 1993:220-221

där den extraverte är introvert i sitt omedvetna och tvärtom att den introverte är extravert i sitt omedvetna, det samma gäller för de irrationella och rationella funktionerna.

Kanske är det så att svaret finns i det omedvetna där Jung menar att en person tillfälligt kan påverkas eller överväldigas av sitt omedvetna, dock menar Jung att oftast uttrycks en persons omedvetna inställning genom drömmar eller andra symboliska uttryck.

Kanske är det så att det omedvetna påverkar människor mer än vad en människa egentligen vill tillåta? För ju mer en medveten funktion är desto mer uppövad blir den specifika funktionen vilket innebär att ju mer ensidigt en viss inställning är desto starkare blir den omedvetna oppositionen[48].

Att kortfattat redogöra för Jungs psykologiska typer är i stort sätt omöjligt då Jungs teoribildning är oerhört

---

[48] Detta tillstånd kallar Jung för enantiodromi, det vill säga lagen om att allt slår över i sin motsats.

komplex och behöver sättas in i en viss kontext för att skapa en större teoretisk förståelse.

Jungs teoribildning är ständigt föremål för kontinuerlig vidareutveckling vilket starkt märks vid en sökning på internet gällande Jungs psykologiska typer.

Ett "typtest" som har den största spridningen på internet, enligt min uppfattning, är MyerBriggs Type Indicator (MBTI) som ursprungligen tvecklades av Isabel Myers och Katherine Briggs.[49]

Erfarenhet visar att människor sedan urminnes tider försökt kategorisera individuella attityder och beteendemönster i syfte att förklara skillnaderna mellan människor vilket lagt grunden för en mängd olika typologimodeller. Genom tiderna är kanske Jungs typologi ändå den mest kända modellen. Jungs typologimodell anses inte endast vara en samling typologiska karaktärsanalyser vilka inte

---

[49] Briggs & Myers 2019.

är avsedda för att etikettera sig själv eller andra. Jung avsåg snarare att typologimodellen skulle användas som ett hjälpmedel för en människas egen psykologiska orientering och förbli ett verktyg för förståelse av både sig själv och de problem som uppstår i relation till andra människor.

Religion enligt Jung:

I Jungs bok *"Psykologi och religion"* (1998) skriver Jung följande:

> "Många människor har frågat mig, och säkert frågat er också, om inte den analytiska psykologin faktiskt är en religion. Dessutom har jag på sista tiden varit tvungen att ägna en hel del uppmärksamhet åt psykologins förhållande till religionen".[50]

Jung anses ha en positiv grundinställning till religionen och dess symbolspråk som bidrar till att, enligt individuationsprocessen, integrera en personlighet med Självet.

---

[50] Jung 1998:17

160

Den religiösa symbolvärlden fyller, enligt Jung, en psykisk funktion som gör människan hel. Jung tänker att en människa som enbart är intellektuellt inriktad och som medvetet undviker myter och symboler ändå påverkas och i vissa fall överväldigas av det omedvetna, då psyket strävar efter att utjämna motsatser.

Då helhetssymbolerna uttrycker en helhet på ett paradoxalt sätt, så som korset eller yin/yang, finns dessa helhetssymboler inte endast i det medvetna och den intellektuella funktionen utan även i det kollektivt omedvetna där helhetssymbolerna medlar mellan det medvetna och det omedvetna. Freud och flera utav Freuds lärjungar uppfattade religionen som en abnormitet, det vill säga endast en fixering vid ett regressivt stadium vilket måste överges för att individen ska kunna mogna. För Jung var det tvärtom, där Jung framhäver att religionen är ett allmänmänskligt fenomen och att den individ som fjärmar sig från religiositetens myter och symboler blir en kluven människa.

Jung menar att psykologin har utvecklats och under hela medeltiden var psykologin något helt annat än vad den är idag där psykologin kommer att fortsätta utvecklas och nya tankegångar kommer att flöda in i naturvetenskapen. Jung menar att naturvetenskapen tillhör den nya tiden, dock har fortfarande naturvetenskapen en kort tradition och tillfredsställer inte arketypiska behov.

På frågan: Vad är religioner?
Svarar Jung så här:

> "Religioner är psykoterapeutiska system där psykoterapeuter försöker råda bot på människoandens, det mänskliga psykets eller människosjälens lidande, och religionerna befattar sig med samma problem. Det är ingen lek med ord när jag kallar religionen ett psykoterapeutiskt system. Den är till och med det mest utarbetade av dessa system, och det ligger en stor psykologisk sanning bakom den".[51]

---

[51] Jung 1975:183-184

Kritiken mot Jung är påtaglig då Jung i sina skrifter ofta har en flytande gräns mellan vetenskapliga iakttagelser och egna erfarenheter där oklarheten blir påtaglig, vilket gör det svårt att veta om och när Jung bygger sina teorier på kliniskt material eller generella omdömen utifrån Jungs egna breda religionshistoriska kunskap.

På frågan om den analytiska psykologin är en religion, svarar Jung så här:

> "Det låter som en religion, men det är det inte. Jag talar enbart som filosof. Det händer att folk kallar mig för en religiös ledare. Någon sådan är jag inte. Jag har inte något budskap, ingen mission; jag försöker bara förstå. Vi är filosofer i ordets egentliga mening: vänner av vishet. Det hjälper oss att undvika det ibland tvivelaktiga sällskapet med dem som erbjuder en religion".[52]

Jung menar att den analytiska psykologin inte är en religion, dock betonar Jung att religioner är

---

[52] Jung 1998:20

psykoterapeutiska system där psykoterapeuter försöker råda bot på människoandens, det mänskliga psykets och människosjälens lidande där religionen befattar sig med samma problem. Kan det då vara så att människans botgöring som förr i tiden utfördes i kyrkan med en präst har flyttat in i nutidens terapirum med en terapeut?

Kanske kan utförandet av den analytiska psykologin fortfarande ses som en förlängd arm av en religiös botgöring, dock kan själva begreppet religion inte jämföras med den analytiska psykologin. Till sist, tror jag, att det får vara upp till betraktaren att avgöra om den analytiska psykologin är en religion då tolkningen av Jung och Jungs texter är många. I Jungs skrifter kan Jungs begrepp upplevas som vaga då Jung ofta skriver på ett mångdimensionellt sätt där det största problemet kan vara glidningen mellan det som förklarar och det som ska förklaras.

Samtalsterapi med existentiellorienterad inriktning av psykoterapi:

"Psykoterapi är den enda form av terapi som finns. Eftersom det endast är sinnet som kan vara sjukt, är det endast sinnet som kan helas. Det är bara sinnet som behöver helande. Det är nödvändigt med psykoterapi så att en person kan börja ifrågasätta deras verklighet. Syftet med psykoterapi är helt enkelt att ta bort det som blockerar sanningen. Dess mål är att hjälpa klienten att överge sitt fastlåsta system av vanföreställningar, och att börja ompröva de falska relationer mellan orsak och verkan som det vilar på."[53]

Det jag arbetar med, och vilket änglarna menar är den nya tidens samtalsterapeutiska yrke, är samtalsterapi med existentiellorienterad inriktning av psykoterapi. Inom det området har jag personliga samtal, utbildningar och annat som kan hjälpa

---

[53] Bönens sång och psykoterapi. Två tillägg till principerna i En kurs i mirakler. 1992:49-50

dig i din personliga utveckling, andliga förståelse och mänskliga växande.

Jag önskar dig varmt välkommen!
Rosanna Lariella Antonsdotter

Kanske vill även DU utbilda dig inom den nya tidens yrken för personlig utveckling, andlig förståelse och mänskligt växande?

Besök Rosanna Lariella Antonsdotter hos antonsdotter.com för mer information.

Paramahansa Yogananda och Kriya

Yoga

Paramahansa Yogananda (1893-1952) anses vara en av den mest inflytesrika hinduiska *gurun*[54] som kom till att sprida den österländska filosofin om *yoga*[55] och *meditation*[56] till västerlandet.

Dr. Binay R. Sen, tidigare ambassadör för Indien i USA, uttryckte följande om Paramahansa Yogananda:

> I mitt minne har upplevelsen av att möta Paramahansa Yogananda etsat sig fast som en oförglömlig händelse i mitt liv… När jag såg in i hans ansikte blev mina ögon nästan bländade av utstrålningen-

---

[54] Begreppet *guru* beskriver "den som skingrar mörkret" från *gu* "mörker" och *ru* "den som skingrar".

[55] Begreppet *yoga* betyder "förening" och "hur man mediterar på Gud".

[56] Meditation kommer från det latinska ordet "*medita*" som betyder eftersinnade/eftertanke och omfattar övningar som psykosomatisk avspänning och andlig utveckling.

ett andligt ljus som bokstavligen strålade från honom. Hans oändliga mildhet, hans älskvärda vänlighet omslöt mig som ett varmt solsken... Jag kunde se att hans förståelse och insikt utsträckte sig till de mest vardagliga problem, fastän han var en andens man. I honom fann jag en sann ambassadör för Indien som överbringade och spred kärnan av Indiens forntida visdom till omvärlden.[57]

Yoganandas födelsenamn var Mukunda Lal Ghosh[58] och föddes i Gorakhpur i nordöstra Indien nära Himalayabergen. Yoganandas föräldrar[59] var bengaler från Kshatriya-kasten[60].

---

[57] Yogananda 2013
[58] Yoganandas namn ändrades 1915 när Yogananda blev munk i Swamiorden. 1935 tilldelades Yogananda ytterligare titeln *Paramahansa* av Yoganandas guru Sri Yuketswar.
[59] Yoganandas far var Bhagabati Charan Ghosh (1853-1942) och Yoganandas mor var Gyana Prabha Ghosh (1868-1904).
[60] Kshatriya- kasten är den andra av kasterna, det vill säga ursprungligen härskarnas och krigarnas kast.

Den indiska kulturens karakteristiska drag har sedan lång tid tillbaka präglats av ett sökande efter den yttersta sanningen och har omfattat ett överförande av kunskap via relationen av en lärjunge och en guru, vilket fortfarande idag lever kvar genom *Self-Realization Fellowship*[61] som efter Yoganandas bortgång för Yoganandas lära vidare.

Efter Yoganandas examen från universitet i Calcutta och sedan mötet med Yoganandas guru *Sri Yukteswar*[62] uppfylldes Yoganandas djupaste önskan om att viga sitt liv till Guds tjänst genom inträdet i Swamiorden.

---

[61] I enlighet med Yoganandas önskan har Self-Realization Fellowship fortsatt arbetet med att publicera och hålla Yoganandas kompletta verk tillgängliga i tryck. Yogananda valde själv ut och tränade de lärjungar som leder organisationen och Yogananda gav lärjungarna specifika riktlinjer för hur undervisningen skulle förberedas och publiceras.

[62] Sri Yuketswar (1855-1936). Sri Yuketswar var en Jnanavatar "Visdomens Inkarnation".

Yogananda anlände till USA 1920 där Yogananda samma år bildade Self-Realization Fellowship som kom att fortsätta sprida Yoganandas lära om Indiens urgamla vetskap om filosofi, yoga och meditation.

Yoganandas viktigaste budskap är viljan att sammanföra världens stora religioner till en enhet. Yogananda lärde ut en metod, *Kriya yoga*, för att uppnå självförverkligande genom en direktkontakt och upplevelse med Gud och initierade över 100 000 män och kvinnor under sina trettio år i USA där Yogananda levde till sin bortgång.

Till Yoganandas närmaste lärjungar berättade Yogananda:

> My body shall pass but my work shall go on. And my spirit shall live on. Even when I am taken away I shall work with you all for the deliverance of the world with the message of God.
> Those who have come to Self-Realization Fellowship truly seeking inward spiritual help shall receive what they seek from God. Whether they come while I am in the

body, or afterward, the power of God through the link of the SRF Gurus shall flow into the devotees just the same, and shall be the cause of their salvation....The ever-living Babaji has promised to guard and guide the progress of all sincere SRF devotees. Lahiri Mahasaya and Sri Yukteswarji, who have left their physical forms, and I myself, even after I have left the body — all will ever protect and direct the sincere members of SRF-YSS.[63]

Self-Realization Fellowship betyder bokstavligen *"Samfundet för självförverkligande"*.[64]

Paramahansa Yogananda förklarar i boken *Lagen om framgång* (2014) att namnet Samfundet för självförverkligande betyder vidare att ha en gemenskap med Gud genom självförverkligande och vänskap med de själar vilka söker den yttersta sanningen.

---

[63] Citatet är hämtat från Self-Realizations hemsida där ursprungstexten har bevarats och därför inte översatts.

[64] Yogananda 2014:33

171

Paramahansa Yogananda formulerade elva mål och ideal för organisationen Self-Realization Fellowship som fortfarande följs och eftersträvas. Dessa är:

Att sprida kunskap i alla länder om exakta, vetenskapliga tekniker för att uppnå en direkt, personlig upplevelse av Gud.

Att lära ut att livets mening är utveckling, genom egen ansträngning, av människans begränsade dödliga medvetande till Gudsmedvetande och att för detta ändamål etablera tempel inom Self-Realization Fellowship för Gudsgemenskap i hela världen och uppmuntra till etablerandet av enskilda Gudstempel i hemmen och i människors hjärtan.

Att visa den fullkomliga harmonin och grundläggande enheten mellan den ursprungliga kristendomen, såsom den lärdes ut av Jesus Kristus, och den ursprungliga yogan som den lärdes ut av Bhagavan Krishna, samt visa att dessa sanningens principer utgör alla sanna religioners gemensamma, vetenskapliga grundval.

Att peka på det gudomliga huvudstråk som alla sanna religiösa övertygelser förr eller senare, leder till: Huvudstråket i form av daglig, vetenskaplig, hängiven meditation på Gud.

Att befria människan från hennes trefaldiga lidande: Kroppslig sjukdom, mental disharmoni och andlig omedvetenhet.

Att uppmuntra till "enkelt leverne och högt tänkande" och att sprida en anda av broderskap mellan alla folk genom att lära ut den eviga grunden för deras enhet: Likhet med Gud.

Att visa på sinnets överhöghet över kroppen, andens överhöghet över sinnet.

Att övervinna ondska med det goda, sorg med glädje, grymhet med vänlighet, okunskap med vishet.

Att förena vetenskap och religion genom förverkligandet av enheten i deras grundläggande principer.

Att förespråka kulturell och andlig förståelse mellan Öst och Väst och ett utbyte av deras finaste, utmärkande egenskaper.

Att tjäna mänskligheten som ens större Jag.[65]

Kriya Yoga

Quite apart from the charm of the new and the fascination of the half-understood, there is good cause for Yoga to have many adherents. It offers the possibility of controllable experience and thus satisfies the scientific need for "facts"; and, besides this, by reason of its breadth and depth, its venerable age, its doctrine and method, which include every phase of life, it promises undreamed of possibilities.[66]

Ovanstående citat av Jung är endast ett av flera som Yogananda använde sig av i sina skrifter för att kunna förklara, det som Yogananda själv kallade, Kriya Yogans vetenskap. Så här beskriver Yoganda själv den teknik av Kriya Yoga som Yogananda gjorde tillgänglig till västvärlden:

Den Kriya Yoga som jag ger till världen genom Lahiri Mahasaya från Babaji är

---

[65] Yogananda 2013:500
[66] Yogananda, Undreamed Possibilities, 1997

ett återupplivande av samma vetenskap som Krishna gav Arjuna för tusentals år sedan och som senare var känd av Patanjali, Kristus, Johannes, Paulus och andra lärjungar.[67]

Kriyas sanskritrot är *Kri* som betyder att *göra, agera och reagera* vilket är samma sanskritrot som återfinns i ordet *karma* som är den naturliga principen för orsak och verkan.

Vidare betyder ordet *Yoga* "förening" vilket gör att sammansättningen av ordet *Kriya Yoga* betyder förening *(yoga)* med det oändliga genom en viss handling eller rit (*kriya)*.

Enligt Yogananda befrias den människa som troget övar tekniken Kriya Yoga gradvis från karma eller den lagbundna kedjan av balans mellan orsak och verkan där själva tekniken måste läras ut av en *Kriyaban* (kriya yogi) med speciellt tillstånd från Self-Realization Fellowship eller Yogoda Satsanga Society of India.

---

[67] Yogananda 2013:231

175

Kriya Yoga är en psykofysiologisk metod där det mänskliga blodet befrias från koldioxid och återuppladdas med syre. Atomerna från detta syretillskott transmuteras till en livsström som vitaliserar hjärnan och centra i ryggraden. Genom att förhindra ansamlingen av venöst blod kan utövaren av Kriya Yoga minska eller stoppa nedbrytningen av cellvävnader vilket gör att cellerna transmuterar till energi. Detta leder till att den erfarne kriya yogin kan med ren viljekraft materialisera eller dematerialisera sina kroppar.

Sri Yukteswar, Yoganandas guru, beskriver Kriya Yoga så här:

> Kriya Yoga är ett redskap som kan påskynda den mänskliga evolutionen. De forntida yogierna upptäckte att hemligheten med kosmiskt medvetande är nära förbundet med bemästrandet av andningen. Detta är Indiens unika och odödliga bidrag till världens kunskapsskatt. Livskraften, som vanligtvis absorberas av att upprätthålla hjärtverksamheten, måste frigöras för högre aktiviteter genom en metod att

lugna och stilla andningens oupphörliga krav.[68]

Enligt Yogananda finns det sex olika vägar av yoga som kan ge samma resultat som Kriya Yoga. Yogananda menar att det som skiljer dessa vägar åt är endast tiden det tar för uppnåendet av målet, det vill säga att uppnå Gudsmedvetande.

De sex olika "Yogavägarna" är:

- **Hatha Yoga**- ett system av fysiska kroppsställningar, så kallade asanas.
- **Karma Yoga**- osjälvisk service till andra.
- **Mantra Yoga**- att upprepa olika gudomliga mantra.
- **Bhakti Yoga**- att överlämna sig själv genom hängivenhet att kunna se det gudomliga i allt och alla.
- **Jnana Yoga**- visdomens väg.
- **Raja Yoga**- den kungliga vägen vilken anses vara den högsta

---

[68] Yogananda 2013:233

vägen och binder samman essensen från alla de andra yogavägarna. Kriya Yoga urspringer från Raja Yogans väg.[69]

Meditation

Om meditation skrev Yogananda själv följande:

> Meditation is connecting one's limited energy and consciousness with the Infinite Life and Cosmic Consciousness.[70]

Meditation beskriver Yogananda i boken *Metafysiska meditationer* (2014) är vetenskapen om Gudsförverkligande där meditationens yttersta mål är att uppnå en medveten vetskap om Gud och om själens eviga enhet med Gud.

Meditationen utnyttjar koncentrationen där koncentrationen består av att befria uppmärksamheten från distraktioner och att fokusera koncentrationen på ett

---

[69] Yogananda 2014
[70] Yogananda 2015:169

178

upprepande av ett utvalt ord eller utvald mening[71], så kallad affirmation eller mantra. Meditation är den speciella form av koncentration i vilken uppmärksamheten befriats från rastlöshet och istället fokuserats på Gud för att lära känna Gud personligen. Eftersom meditationerna ger en direkt upplevelse av Gud lyfts det religiösa utövandet upp över dogmatiska olikheter, vilket anses vara Yoganandas mål.

Enligt Yogananda är första beviset på Guds närvaro en upplevelse av en obeskrivlig frid som vidare utvecklas till en glädje som inte kan beskrivas med ord. Yogananda beskriver själv upplevelsen så här:

> När du väl vidrört sanningens och livets Källa kommer hela naturen att svara dig. När du har funnit Gud inom dig kommer du att finna Honom i det yttre i alla människor och i alla omständigheter.[72]

---

[71] Detta upprepande av ett utvalt ord eller utvald mening kan ske tyst och ljudlöst inom sig själv eller högt och ljudligt.
[72] Yogananda 2014

Forskning

Forskningen som, enligt SRF[73], ligger till grund för *Kriya Yogans vetenskap*[74] är Dr. Alvan L. Barachs forskning som återfinns i den akademiska tidskriften, *Diseases of the Chest*.[75] Yogavetenskapen baseras på, enligt SRF, empiriska överväganden av olika slags koncentrations- och meditationstekniker där Yogan gör den hängivna Yogin kapabel att viljemässigt slå av och på livsströmmen från de fem sinnesorganen[76].[77] Inom detta område har den moderna vetenskapen börjat upptäcka den så kallade *"icke-andningens"* läkande fysiska effekter vilket Dr. Alvan L. Barach (1895-1977) vid *The College of Physicians and*

---

[73] SRF: Self-Realization Fellowship
[74] Kriya Yogans Vetenskap är ett begrepp som Yogananda anammade 1947 efter upptäckten av Barachs forskning och dess resultat, vilket beskrivs i Yoganandas självbiografi.
[75] Barach 1947
[76] De fem sinnesorganen är här: Syn, hörsel, lukt, smak och beröring.
[77] Yogananda 2013:236

Surgeons i New York upptäckte. Dr. Barach startade 1947 en behandling med lokal lungvila för återhämtning för tuberkulossjuka där användningen av en utjämnande tryckkammare gjorde det möjligt för patienterna att lugna ner andningen och där även andningsuppehåll förekom. Dr. Barach skrev följande:

> Effekten som andningsuppehåll har på det centrala nervsystemet är av avsevärt intresse. Rörelseimpulsen i armarnas och benens muskler minskas drastiskt. Patienten kan ligga i kammaren i timmar utan att röra händerna eller byta ställning. Rökbegäret försvinner när den viljemässiga andningen upphör, till och med hos patienter som varit vana att röka två paket cigaretter om dagen. I många fall är avslappningen av sådan karaktär att patienten inte behöver någon förströelse.[78]

1951 bekräftade Dr. Barach offentligt värdet av behandlingen genom sin egen forskningsstudie.

---

[78] Yogananda 2013:230-238

Studien offentliggjordes och flertalet forskare har numera Dr. Barachs forskning som grund för de egna forskningsstudierna. Dr. Barach gjorde följande uttalande om det egna forskningsresultatet:

> Behandlingen ger inte bara vila till lungorna utan till hela kroppen och, som det verkar, även till sinnet. Till exempel minskas hjärtats arbete med en tredjedel. Våra försökspersoner slutar att oroa sig. Ingen känner sig uttråkad.[79]

På grundval av dessa fakta vilar, enligt Yogananda, Kriya Yogans vetenskap. Yogananda uttalade följande efter Dr. Barachs offentliggörande av studien:

> Av dessa fakta förstår man hur det är möjligt för yogier att sitta orörliga i långa perioder utan något mentalt eller kroppsligt tvång till rastlös aktivitet. Det är bara genom sådan stillhet som själen kan finna sin väg tillbaka till Gud. Fastän vanliga människor måste vistas i en utjämnande tryckkammare för att erhålla fördelarna med icke-andning, behöver yogin inget annat än Kriya Yoga-

---

[79] Yogananda 2013:230-238

tekniken för att motta sin belöning i såväl
kroppen   som   sinnet   och   i
själsmedvetandet.[80]

Hur Kriya Yoga påverkar hjärnan

En kartläggning av hjärnans aktivitet vid
och efter praktiserande av Kriya Yoga
har studerats av flera forskare[81]. I den
akademiska   tidskriften,   *International
Journal   of   Yoga*,   presenterar   fyra
forskare   en   kartläggning   av   hjärnans
aktivitet   efter   praktiserandet   av   Kriya

---

[80] Yogananda 2013:230-238
[81] Dr. Peter Van Houten, M.D., Psykolog Erik
Hoffmann och Chandra, Sharma, Mittal och Jhas
forskning som hänvisas till i denna bok enligt
"Den individuella individuationens
mångdimensionella uttryck: En
religionspsykologisk tolkning av Paramahansa
Yoganandas personlighetsutveckling enligt den
analytiska psykologin" av R. Antonsdotter.
Även den jungianska analytikern Judith Harris
har forskat inom detta område och skrivit boken
Jung and Yoga: The Psyche-Body Connection
(studies in Jungian Psychology by Jungian
Analysts).

Yoga.[82] Forskningen visade att efter meditationen sågs en betydande ökning i hjärnan av alfa- och theta-aktivitet[83].

Hos några var det tal om mer än en fördubbling av alfavågorna. Störst var ökningen av dessa vågor i den bakre delen av hjärnan (parietala området), där både alfa- och theta-aktiviteten genomsnittligt steg med ca. 40%.

Dessa vågor visade en generell tendens att sprida sig från den bakersta delen och framåt i hjärnan.[84] Den betydande ökningen av alfa- och theta-aktivitet, funnen i de flesta områdena av hjärnan efter meditationen visar att hjärnan är djupt avspänd och fokuserad efter Kriya Yoga. Det visar också att de mediterande har fått bättre kontakt med det omedvetna

---

[82] Chandra, Sharma, Mittal Prakash, & Jha, 2016
[83] EEG är en metod att registrera den elektriska aktiviteten i hjärnan och främst hjärnbarkens nervceller. Kliniskt används EEG-metoden för att fastställa störningar i hjärnans funktioner då hjärnans nervceller är känsliga för syrebrist. Ett normalt EEG från en vaken person domineras av så kallade alfa- och theta-aktivitet/vågor.
[84] Chandra, Sharma, Mittal Prakash, & Jha, 2016

och de tillhörande känslorna.[85] Flera
vetenskapliga undersökningar av olika
forskare har demonstrerat att theta-vågor
på EEG:et hänger samman med
uppdykandet av tidigare omedvetna
känslor, bilder och minnen hos individen.
Hjärnforskare hävdar att individen i det
förhöjda alfa/theta-tillståndet kan
konfrontera och integrera omedvetna
processer.

Erfarenheterna från modern forskning
stödjer de erfarenheter som Yogis genom
årtusenden har haft, enligt Yogananda,
med Kriya Yoga, nämligen att i det
meditativa tillståndet, karakteriserat av
hög alfa/theta-aktivitet, kan en
avreaktion eller "utrensning" av
omedvetet material förekomma hos
individen. Forskningen visar att Kriya
Yogan är en effektiv teknik att öka
alfa/theta-aktivitet på EEG:et, och
därigenom stärka de positiva

---

[85] Chandra, Sharma, Mittal Prakash, & Jha, 2016

verkningarna som är förbundna med Kriya Yoga.[86]

[86] Chandra, Sharma, Mittal Prakash, & Jha, 2016

Våra sju inre rum

Änglarna vill hjälpa dig med att förstå att varje människa har sju inre rum inom sig. Varje rum innehåller olika egenskaper samt dess motsats. Alla situationer som vi inte direkt förmår oss att möta i just den stunden de uppstår samlas i ett utav dessa rum, beroende på dess energifrekvens. Änglarna vill ge dig mod till att öppna dörren till dessa rum och släppa in änglarna. Där kan änglarna hjälpa dig att transformera om den blockerade energin till en hjälpande och positiv själsegenskap.

Änglarna kan hjälpa dig över bron från:

Rum 1: Från rädsla till frid

Rum 2: Från osäkerhet till hopp

Rum 3: Från inre splittring till närvaro

Rum 4: Från ensamhet till tro och tillit

Rum 5: Från påverkan utifrån till inre övertygelse

Rum 6: Från oäkta skuldkänslor till äkta visdom

Rum 7: Från yttre kontroll till kärlek

Änglarna vill att du ska veta att vi är alla på vår egen personliga resa genom livet där hälsan är en god vägvisare, som talar om för oss vart vi är på väg. Varje symptom- kroppsligt, känslomässigt, andligt eller själsligt har sitt budskap till oss som vi kan lära oss att känna igen och dra nytta av.

Vi människor på den här planeten är en del av en större skapelse. Skapelsen utgör en enhet där var och en av oss står i förbindelse med allt skapat genom en gemensam form av högre och starkare energi. Varje människa är stöpt i en bestämd form alltefter sina specifika möjligheter och resurser, där varje människa har sin speciella uppgift.

Enligt änglarna har människan en odödlig själ (vårt sanna Jag) och en dödlig personlighet (vår jordiska gestalt). Bundet till själen är änglarna, som fungerar som en förbindelselänk mellan vår själ och personlighet. Själen är medveten om människans speciella uppgift och strävar efter att fylla den med hjälp av personligheten. Den potential

188

som själen vill förverkliga genom personligheten är olika själsegenskaper så som: mod, tillit, glädje, kärlek, vishet, medkänsla och så vidare. Att förverkliga dem innebär sann lycka och varje människa har en omedveten längtan efter att leva i harmoni. Om personligheten skulle handla i fullständig samklang med själen, som den är en del av, kunde människan leva ett liv i total harmoni.

Att arbeta med änglarna kan innebära en intensiv process, där du behöver vara beredd på att möta dig själv. Du kan bli tvungen att vända och vrida på många smärtsamma minnen och erfarenheter innan energin åter får flöda fritt, vilket ger dig all den styrka du behöver för att göra en medveten förändring. Våra egna harmoniska vibrationer har alltid en positiv och harmonisk inverkan på andra människor. Så genom att hjälpa oss själva kan vi hjälpa andra.

Änglarna hjälper dig att föra in ljuset, eftersom de består av ljus, istället för att försöka ta bort mörkret. När du för in ljuset så försvinner automatiskt mörkret av sig själv, eftersom mörker och ljus inte kan befinna sig på samma plats samtidigt. Bjud in änglarna till dina inre rum och du kommer alltid att ha ljuset närvarande inom dig.

Rum 1
Från rädsla till frid

"Våga släppa rädslan! Rädsla och
kärlek kan inte befinna sig på samma
plats samtidigt.
Våga ersätta rädslan med kärleken.
Rädslan uppstår endast när vi känner
oss separerade från helheten, från vårt
gudomliga ursprung.

Lita på att kärleken alltid leder dig rätt!

Vi är alla unika enskilda individer som
urspringer från samma källa. Alla får vi
gudomlig näring från samma källa.
Så vad skiljer Dig från Mig?

Vi behöver inte vara rädda för att leva
våra liv fullt ut. Vi är här på jorden för
att lära och erfara. Ibland behöver vi
stå ansikte mot ansikte med rädslan och
se dess budskap för att kunna uppfatta
kärleksbudskapet bakom rädslan.
Vi kan tycka att sjukdom är grymt.

*Men om vi kan förmå oss att förstå att
det endast är en obalans av ett tillstånd
vi hamnat i av olika anledningar, som
vill väcka oss ur dvalan och låta oss se
att det endast är en tillrättavisning av
våra felaktiga tankar och handlingar.*

*Livet kräver att vi är delaktiga i
verkligheten och vill att vi helhjärtat är
villiga att hänge oss åt sökandet för att
få en beständig förändring.*

*Vår själ ger oss bara så mycket som vi
kan klara av!"*

Känslomässiga faktorer som har med rum 1 att göra:

~ Rädsla för rädslan. Man vet inte vad man är rädd för.

~ Känd rädsla. Man vet precis vad man är rädd för, men vet inte hur man kan hantera rädslan.

~ Extrem och akut rädsla. Panik, ångest, helt slut i nerverna.

~ Överdriven rädsla och oro för andras välbefinnande. Speciellt för närstående.

192

~ Rädsla för att förlora självkontrollen.

Psykiska faktorer som har med rum 1 att göra:
~ Kan inte uppleva familjens trygghet och säkerhet.
~ Oro för att klara livsuppehället.
~ Saknar en trygg bas att stå på.
~ Har en hemlängtan oavsett var man är.

Fysiska symtom som kan uppenbara sig vid dessa känslomässiga och psykiska blockeringar och som har med rädsla att göra:
~ Ländryggsbesvär. *(Har ofta med rädsla för pengar att göra och att man inte får det man behöver. Kan känna en otrygghet och brist på ekonomiskt stöd.)*
~ Ischiasproblem. *(Även ischiasproblem handlar om rädsla för pengar och även om rädsla för framtiden. Man kanske hycklar för att försöka få det man behöver.)*
~ Åderbråck. *(Man känner att man inte lever sin egen sanning och kan inte känna glädje i att röra sig framåt och*

skapa en förändring. Man befinner sig i en situation man verkligen ogillar. Man känner sig överansträngd.)

~ Ändtarmsbesvär. *(Man har en längtan efter att befria sig ifrån det man inte längre behöver i livet. Men man håller fortfarande kvar vid en viss ilska, besvikelse, skuld och ånger angående det man vill göra sig fri från. Man längtar efter att riktiga och goda handlingar ska fylla ens liv.)*

~ Depression. *(Man tar på sig andra människors rädsla och begränsningar och känner därför en vrede och hopplöshet som man inte tycker att man har någon rätt att känna.)*

~ Olika immunförsvarsbesvär. *(Känsla av att ingen bryr sig om en. Känner försvarslöshet och hopplöshet. Har en stark känsla av självförnekelse och otillräcklighet.)*

Fysiska organ som har med rum 1 att göra:

~ Bindväv
~ Korsrygg och svansben
~ Ben
~ Fötter
~ Ändtarm
~ Immunsystemet

Positiva själsegenskaper som har med rum 1 att göra:

~ Frid
~ Integritet och värdighet
~ Inre styrka
~ Mod
~ Omsorg
~ Vishet

Änglarna guidar dig i detta rum till:

~ Att nå högre andliga plan och med respekt, mod och integritet utforska dem utan rädsla.

~ Att se att du redan har en intuitiv insikt om din sanna livsuppgift.

~ Att med säkerhet veta att du kan stå ut med den mest påfrestande fysiska och psykiska tortyr utan att ta själslig skada.

~ Att förstå att du har förmågan att omsätta insikter och kunskap i praktiken och i det dagliga livet.

~ Att med säkerhet veta att alla dessa känslor som du upplever som rädsla är endast änglarnas sätt att säga: "Det är dags nu att verkligen göra det du är ämnad till att göra".

~ Att utstråla mod och trygghet som påverkar andra positivt.

~ Att uppleva att du har tillgång till oanade krafter som du inte visste att du hade.

Änglarna vill guida dig till att tänka:

~ "Jag är mer än min kropp"

~ "Jag är en självständig person"

~ "Jag är full av mod och kraft"

~ "Jag fyller min livsuppgift"

~ "Jag vilar i änglarnas händer"

Frågor för introspektion som har med rum 1 att göra:

~ Varför är jag så rädd för min egen gåva/styrka/kraft?

~ Varför vill jag så envist ha kontroll över allt och alla?

~ Varför är jag så rädd för...?

~ Varför fortsätter jag att oroa mig för/över...?

~ Varför tillåter jag att ångesten och paniken får ta över?

Övning till insikt gällande frågor för introspektion:

Sätt dig någonstans där du kan få vara i fred och sitta ostört en stund.

Ha papper och penna bredvid dig.

Läs igenom övningen noggrant innan du börjar.

Slut ögonen och känn hur det känns i din kropp när du ställer dig frågan:

Varför... (använd frågorna för introspektion som har med rum 1 att göra)?

197

Var känns det i kroppen?
Hur känns det?
Vad känner du?

Lägg gärna händerna på detta ställe.

Andas in i detta område i kroppen. Fyll det med din andning. Våga stanna kvar och bara upplev känslan fullt ut, precis som den är just nu. Försök inte att analysera, konfrontera eller hålla tillbaka. Bara upplev det som är just nu.

Kom ihåg att du får bara så mycket som du klarar av att hantera vid just detta tillfälle. Lita på det!! Du kan göra om övningen, igen och igen och igen…

Kanske kommer det upp ett minne. Låt det då få komma. Bara betrakta det. Se det genom änglarnas ögon och fortsätt med andningen.

När känslan börjar avta, kan du se om det förflyttas till något annat ställe i kroppen.

Om det gör det så upprepa övningen vid detta ställe. Om inte, så kan du öppna ögonen och ta in rummet du befinner dig i just nu.

Skriv nu ner, detaljerat, vad du upplevde och eventuella minnen. Läs sedan detta högt för dig själv. På så sätt lär du dig att artikulera och känna känslorna du upplever fullt ut.

Ställ dig nu frågan:
Hur kan jag se ett samband med det jag upplevde och mitt eget liv, här och nu?

Vilken insikt har jag kommit fram till?

Hur kan jag göra annorlunda, så jag slipper upprepa samma mönster igen?

Sedan övar du, om och om igen, när en situation uppstår, att agera annorlunda tills du programmerat in ett nytt mönster som stödjer dig i livet och ger dig en känsla av välbefinnande istället.

Hur känns det nu i kroppen?

Bra jobbat!

Meditation från rädsla till frid

Sitt eller ligg bekvämt och slut ögonen.

Låt alla tankar som kommer upp bara få finnas där. Fäst dig inte vid dem utan låt dem bara långsamt få flyga iväg. Låt den ena tanken efter den andra få släppa taget utan att du fäster dig vid någon och börjar tänka vidare. Det kan hjälpa något om du koncentrerar dig på din andning.

Ta några djupa andetag och känn att du för varje utandning släpper taget mer och mer.

Jag vill nu att du ställer dig frågan, tyst för dig själv:
Vilken är min allra största rädsla?
Upprepa den igen.
Vilken är min allra största rädsla?

Känn hur din kropp reagerar. Analysera inte och försök att inte reagera på de kroppsliga signalerna utan bara betrakta dig själv, som om du ser dig själv utifrån.

Acceptera att rädslan finns där. Var mitt i den och andas. Fortsätt att andas mitt i rädslan tills de kroppsliga sensationerna släpper.

Känn nu hur du genom dina fötter skapar kontakt med jorden. Visualisera länken som rötter som med lätthet gräver sig ner i den näringsrika jorden tills den når källan av frid. Visualisera först hur du genom dina fötter tömmer ut all denna rädsla. Känn hur du renar dig själv och hur Moder Jord tar hand om denna rädsla och transformerar om den till frid. Bara släpp taget och överlämna denna begränsning och detta hinder till något större.

Känn nu hur du öppnar upp en kanal från din hjässa upp till solen. Släpp först taget om alla dina tankar som är fyllda med rädsla. Bara släpp taget och överlämna denna begränsning och detta hinder till något större.
Gå nu ner till dina fötter och rötter igen och ta nu emot denna transformerade

energi av frid från Moder Jord och låt den gå igenom hela din kropp. Fötter, tår, ben, rumpa, höfter, mage, rygg, bröst, armar, händer, fingrar, nacke, hals, ansikte, huvud, hår, hjässa och vidare uppåt.

Känn nu din kanal upp till solen och det rena ljuset av frid. Ta nu emot allt detta ljus och låt hela din kropp fyllas av ljuset. Hjässa, huvud, hår, ansikte, hals, nacke, armar, händer, fingrar, bröst, mage, rygg, höfter, rumpa, ben, fötter, tår och vidare neråt. Fyll hela din varelse.

Låt dessa två energier, dina rötter från jorden och din kanal till ljuset, mötas i ditt hjärta.

Låt denna fridens energi från ditt hjärta skapa en ljusbubbla runt dig. Visualisera din heliga plats i ditt inre. Här är du alltid trygg. Detta är din plats, bara din. Där kan du ställa alla dina frågor och med visshet veta att du får de svar som du behöver. Du är trygg!

Känn nu hur allt som kommer från dig och som du sänder ut till andra, endast är frid.

Känn nu hur allt som kommer till dig från andra, endast är frid. Allt annat som inte är frid kommer från och med nu bara att studsa tillbaka på din ljusbubbla som finns runt omkring dig.

Stanna nu i denna ljusbubbla av frid så länge du behöver.

Sedan när du känner att du vill återvända så tacka, tyst för dig själv, jorden och tacka solen och tacka dig själv och alla dina relationer.

Välkommen tillbaka!

Rum 2
Från osäkerhet till hopp

*"Vi behöver alla utveckla vår
individualitet, och frigöra oss från det
som håller oss kvar i vår osäkerhet av
världslig påverkan, så att vi blir
självständiga.*

*Att uppnå frihet, individualitet och
självständighet kräver vårt fulla
samarbete.*
*Vi behöver samarbeta med vår
gudomliga visdom som vi alla bär inom
oss. Att lyssna och följa denna kräver i
de flesta fall en hel del mod och tillit.*

*Fria blir vi när alla våra tankar har sitt
ursprung i oss själva och inte är
resultatet av yttre påverkan.*
*Vi behöver hela tiden målmedvetet styra
våra egna liv och inte lämna över rodret
till någon annan. Det är vår fria vilja
som ska bestämma över våra liv och vad
vi ger till andra, inget annat!"*

Känslomässiga faktorer som har med rum 2 att göra:

~ Dålig självkänsla. Litar inte på sitt eget omdöme.

~ Inre rastlöshet. Kastas mellan olika ytterligheter.

~ Personlighetens perspektiv på livet ligger inriktat på det materiella. Pengar, makt, sex, kontroll. Känner sig låst i sin egen kreativitet.

~ Osäkerhet i sin egen livsuppgift, talanger och plats i samhället.

~ Osäkerhet i sin egen tro och tillit.

~ Man känner sig förtvivlad och utan hopp.

Psykiska faktorer som har med rum 2 att göra:

~ Helt låst i sin inställning om pengar, makt, kontroll och sex.

~ Kan uppleva enorma skuld- och skamkänslor.

~ Ifrågasätter moral och ärlighet i olika relationer.

Fysiska symtom som kan uppenbara sig vid dessa känslomässiga och psykiska blockeringar och som har med osäkerhet att göra:

~ Även här kan ländryggsbesvär och ischiasproblem förekomma. *(Har ofta med rädsla för pengar att göra och att man inte får det man behöver. Kan känna en otrygghet och brist på ekonomiskt stöd. Även ischiasproblem handlar om rädsla för pengar och även om rädsla för framtiden. Man hycklar för att försöka få det man behöver.)*

~ Gynekologiska problem, potensstörningar och urinvägsbesvär. *(Man kan uppleva ett sexuellt tryck och sexuell skuldkänsla. Upplever en rädsla för att frigöra sig. Oftast är man väldigt arg, vanligtvis på det motsatta könet eller en älskare. Vill gärna klandra andra för detta. Kanske har man blivit avspisad vid något tillfälle.)*

Fysiska organ som har med rum 2 att göra:

~ Könsorganen
~ Tjocktarmen
~ Ländryggen
~ Bäcken
~ Blindtarm
~ Blåsa
~ Höfter

Positiva själsegenskaper som har med rum 2 att göra:

~ Självkänsla
~ Tillit
~ Hopp
~ Livskraft
~ Beslutsamhet
~ Sanning

Änglarna guidar dig i detta rum till:

~ Att tillåta dig själv att styras av din egen inre övertygelse.

~ Att lita på din egen intuition och stå fast vid dina beslut och agera klokt.

~ Att se att du har förmågan att se ljuset i mörkret och förmedla denna insikt vidare till andra.

~ Att acceptera dig själv, din väg och kallelse i livet.

~ Att steg för steg ger du näring till tilliten att du kan klara din uppgift, även om den till en början kan verka övermäktig.

~ Att skapa klarhet.

~ Att inse att din blotta närvaro har en lugnande, harmonisk och balanserande inverkan på andra.

~ Att med klarhet se vad din livsuppgift är.

Änglarna vill guida dig till att tänka:

~ "Bara Jag kan veta vad som är bra för mig"

~ "Allt har en djupare mening"

~ "Jag Är"

~ "Glädje är vishet, vishet är kraft"

~ "Jag är alltid i kontakt med min inre rytm"

Frågor för introspektion som har med rum 2 att göra:

~ Varför vågar jag inte ta ett eget beslut om...?

~ Varför brister jag i tillit till...?

~ Varför vill jag bara fly ifrån allt?

~ Varför tillåter jag inte min innersta längtan att guida mig?

~ Varför gör jag inte det jag längtar och drömmer om?

~ Varför känner jag mig hela tiden så splittrad?

~ Varför är det så svårt att stå kvar i min sanning?

Övning till insikt gällande frågor för introspektion:
Sätt dig någonstans där du kan få vara i fred och sitta ostört en stund.
Ha papper och penna bredvid dig.
Läs igenom övningen noggrant innan du börjar.

Slut ögonen och känn hur det känns i din kropp när du ställer dig frågan:
Varför... (använd frågorna för introspektion som har med rum 2 att göra)?

Var känns det i kroppen?
Hur känns det?
Vad känner du?

Lägg gärna händerna på detta ställe.

Andas in i detta område i kroppen. Fyll det med din andning. Våga stanna kvar och bara upplev känslan fullt ut, precis som den är just nu. Försök inte att analysera, konfrontera eller hålla tillbaka. Bara upplev det som är just nu.

Kom ihåg att du får bara så mycket som du klarar av att hantera vid just detta tillfälle. Lita på det!! Du kan göra om övningen, igen och igen och igen…

Kanske kommer det upp ett minne. Låt det då få komma. Bara betrakta det. Se det genom änglarnas ögon och fortsätt med andningen.

När känslan börjar avta, kan du se om det förflyttas till något annat ställe i kroppen.

Om det gör det så upprepa övningen vid detta ställe. Om inte, så kan du öppna ögonen och ta in rummet du befinner dig i just nu.

Skriv nu ner, detaljerat, vad du upplevde och eventuella minnen.
Läs sedan detta högt för dig själv. På så sätt lär du dig att artikulera och känna känslorna du upplever fullt ut.

Ställ dig nu frågan:

Hur kan jag se ett samband med det jag upplevde och mitt eget liv, här och nu?

Vilken insikt har jag kommit fram till?

Hur kan jag göra annorlunda, så jag slipper upprepa samma mönster igen?

Sedan övar du, om och om igen, när en situation uppstår, att agera annorlunda tills du programmerat in ett nytt mönster som stödjer dig i livet och ger dig en känsla av välbefinnande istället.

Hur känns det nu i kroppen?

Bra jobbat!

Meditation från osäkerhet till hopp

Sitt eller ligg bekvämt och slut ögonen.

Låt alla tankar som kommer upp bara få finnas där. Fäst dig inte vid dem utan låt dem bara långsamt få flyga iväg. Låt den ena tanken efter den andra få släppa taget utan att du fäster dig vid någon och börjar tänka vidare. Det kan hjälpa något om du koncentrerar dig på din andning.

Ta några djupa andetag och känn att du för varje utandning släpper taget mer och mer.

Jag vill nu att du ställer dig frågan, tyst för dig själv:
Var känner jag mig som mest osäker?
Upprepa den igen.
Var känner jag mig som mest osäker?

Känn hur din kropp reagerar. Analysera inte och försök att inte reagera på de kroppsliga signalerna utan bara betrakta dig själv, som om du ser dig själv utifrån.

214

Acceptera att osäkerheten finns där. Var mitt i den och andas. Fortsätt att andas mitt i osäkerheten tills de kroppsliga sensationerna släpper.

Känn nu hur du genom dina fötter skapar kontakt med jorden. Visualisera länken som rötter som med lätthet gräver sig ner i den näringsrika jorden tills den når källan av hopp. Visualisera först hur du genom dina fötter tömmer ut all denna osäkerhet. Känn hur du renar dig själv och hur Moder Jord tar hand om denna osäkerhet och transformerar om den till hopp. Bara släpp taget och överlämna denna begränsning och detta hinder till något större.

Känn nu hur du öppnar upp en kanal från din hjässa upp till solen. Släpp först taget om alla dina tankar som är fyllda med osäkerhet. Bara släpp taget och överlämna denna begränsning och detta hinder till något större.
Gå nu ner till dina fötter och rötter igen och ta nu emot denna transformerade

energi av hopp från Moder Jord och låt den gå igenom hela din kropp.

Fötter, tår, ben, rumpa, höfter, mage, rygg, bröst, armar, händer, fingrar, nacke, hals, ansikte, huvud, hår, hjässa och vidare uppåt.

Känn nu din kanal upp till solen och det rena ljuset av hopp. Ta nu emot allt detta ljus och låt hela din kropp fyllas av ljuset. Hjässa, huvud, hår, ansikte, hals, nacke, armar, händer, fingrar, bröst, mage, rygg, höfter, rumpa, ben, fötter, tår och vidare neråt. Fyll hela din varelse.

Låt dessa två energier, dina rötter från jorden och din kanal till ljuset, mötas i ditt hjärta. Låt denna hoppets energi från ditt hjärta skapa en ljusbubbla runt dig. Visualisera din heliga plats i ditt inre. Här är du alltid trygg. Detta är din plats, bara din. Där kan du ställa alla dina frågor och med visshet veta att du får de svar som du behöver. Du är trygg!

Känn nu hur allt som kommer från dig och som du sänder ut till andra, endast är hopp.

Känn nu hur allt som kommer till dig från andra, endast är hopp. Allt annat som inte är hopp kommer från och med nu bara att studsa tillbaka på din ljusbubbla som finns runt omkring dig. Stanna nu i denna ljusbubbla av hopp så länge du behöver.

När du känner att du vill återvända, så tacka jorden och tacka solen och tacka dig själv och alla dina relationer.

Väck försiktigt kroppen genom att röra lite på den och öppna långsamt ögonen.

Välkommen tillbaka!

Rum 3
Från inre splittring till närvaro

"Vi behöver alla vara orubbliga, villiga
och bestämda i vår önskan att lyckas
och i vår strävan att nå bergets topp.

Ingen större bestigning har någonsin
gjorts utan misstag, snedsteg och fall.

Det beror helt på oss själva och vår syn
på dessa misstag, snedsteg och fall som
bestämmer om vi ska lyckas.
Om vi klarar av att borsta av all smuts
från det vi upplever som snedsteg och
aldrig ger upp, kommer vi att lyckas!

Vi behöver betrakta dessa snedsteg som
erfarenheter som endast kommer att
bidra med att vi snubblar mindre i
framtiden.
Misstagen ligger bakom oss och vi får
inte låta ånger eller skuldkänslor tynga
ner oss. Det vi har lärt oss kommer att
hjälpa oss att inte göra om samma

misstag. Vi har lärt oss läxan när vi slutar upprepa den!

En händelse sker bara en gång. Det är endast budskapet i den händelsen som kan upprepa sig som olika förklädnader tills vi upptäcker den bakomliggande orsaken. Närvaro är porten inåt till det gudomliga.

Vi behöver hela tiden sträva framåt och vidare och ha förmåga att visualisera all den underbara framtid i all sin strålglans som ligger där mitt framför oss."

Känslomässiga faktorer som har med rum 3 att göra:

~ Orkar inte vara helt närvarande i den här världen. Flyr gärna in i en framtida fantasivärld.

~ Lyckas inte integrera sina erfarenheter och gör därför om samma misstag om och om igen.

~ Känner sig handlingsförlamad. Tankarna håller en kvar i det förgångna.

~ Man går omkring med en sorglig och depressiv känsla som man är lite rädd för, eftersom man inte får grepp om den. Man kan inte se något samband med känslan och det övriga livet.

~ Upplever att tankarna lever ett eget liv i huvudet. Det pågår en ständig inre dialog som fullständigt dränerar en.

~ Känner tomhet och brist på livsglädje. Man fixerar sig vid sina negativa förväntningar och tar därför inga initiativ utan man fogar sig i sitt öde.

~ Känner en extrem trötthet och total utmattning både fysiskt och psykiskt. Klarar inte av att hushålla med sin energi.

Psykiska faktorer som har med rum 3 att göra:

~ Upplever rädsla, brist på tillit, självkänsla, självförtroende och självaktning.

~ Har att göra med omsorg för oss själva och andra samt ansvarskänslor och personlig heder.

Fysiska symtom som kan uppenbara sig vid dessa känslomässiga och psykiska blockeringar och som har med inre splittring att göra:

~ Ledbesvär och reumatisk värk. *(Håller emot inför förändringar. Man känner sig som ett offer och är förbittrad. Man är kritisk till auktoriteter. Har känslan av att någon driver med en.)*

~ Matsmältningsbesvär och magsår. *(Upplever mycket gnäll och gnat och detta känns obehagligt. Har en stark tro på att man inte är tillräckligt bra.)*

~ Diabetes. *(Kan inte längre uppleva livets sötma och känner därför en djup sorg. Längtar efter det som kunde ha varit. Har ett stort behov av att kontrollera.)*

~ Ätstörningar. *(Man förnekar sitt eget liv och har ett stort självförakt. Vill inte leva längre.)*

~ Leversjukdomar. *(Man klagar ständigt. Känner sig usel och försöker rättfärdiga klander för att lura sig själv. Upplever mycket ilska och primitiva känslor, så som hat. Motsätter sig förändring.)*

Fysiska organ som har med rum 3 att göra:
~ Mage och magsäck
~ Tunntarm
~ Lever och gallblåsa
~ Njure och bukspottkörtel
~ Binjurar
~ Mjälte
~ Mellersta delen av ryggen

Positiva själsegenskaper som har med rum 3 att göra:
~ Integrering
~ Närvaro
~ Acceptans
~ Frid
~ Pånyttfödelse
~ Mentalt lugn
~ Motivation

Änglarna guidar dig i detta rum till:
~ Att vara uppmärksam och närvarande.
~ Att leva i nuet och berikas av dina upplevelser.
~ Att se dig själv med distans, som om du betraktar dig själv utifrån.

~ Att se sambandet mellan den fysiska och den andliga världen.

~ Att stimulera energiflödet mellan den fysiska kroppen och övriga plan.

~ Att ta lärdom av det du upplever utan att klamra dig fast vid det.

~ Att släppa bindningen till det du känner, tänker och upplever.

~ Att låta det förgångna få en ny gestalt genom att till exempel bli författare, arkeolog eller historiker.

~ Att du är en högt utvecklad personlighet och att du är villig att ställa din begåvning till änglarnas förfogande och inte till personliga och egennyttiga ändamål.

~ Att låta tankarna flyta förbi med lugn och klarhet.

~ Att ha tillit till din inre röst och lyckas därför att klara av perioder med mycket starka påfrestningar utan att bli kraftlös eller på dåligt humör.

~ Att med säkerhet veta att det värsta är över och ligger nu bakom dig.

~ Att förstå att du ibland behöver hämta välbehövlig kraft och energi.

223

~ Att med säkerhet veta att all omvandlad energi inom varje enskild individ påverkar alla andra och den stora helheten, och du vet hur man transformerar om denna.

Änglarna vill guida dig till att tänka:

~ ”Varje erfarenhet ger mig en ny lärdom som ger mig ro att leva i nuet”

~ ”Jag omsätter mina idéer i praktiken”

~ ”Livet är just nu”

~ ”Mitt hjärta är ljust och lätt”

~ ”Jag ber om kraft för att kunna utföra min livsuppgift”

~ ”Lösningen dyker upp av sig själv i mitt inre”

Frågor för introspektion som har med rum 3 att göra:

~ Varför tror jag att jag inte är tillräckligt intelligent?

~ Varför vill jag hellre befinna mig i framtiden än här och nu?

~ Varför håller jag mig kvar i det förgångna, istället för att vara här och nu?

~ Varför är det så svårt för mig att bara ta det lugnt och pausa en stund?

~ Varför låter jag det gå så långt att jag blir sjuk innan jag förstår att jag behöver en längre tids vila för rekreation och introspektion?

~ Varför låter jag mina tankar få styra mitt liv?

~ Varför hindrar jag mig själv från att uppleva glädje?

Övning till insikt gällande frågor för introspektion:

Sätt dig någonstans där du kan få vara i fred och sitta ostört en stund.

Ha papper och penna bredvid dig.

Läs igenom övningen noggrant innan du börjar.

Slut ögonen och känn hur det känns i din kropp när du ställer dig frågan:

Varför... (använd frågorna för introspektion som har med rum 3 att göra)?

Var känns det i kroppen?
Hur känns det?
Vad känner du?

Lägg gärna händerna på detta ställe.

Andas in i detta område i kroppen. Fyll det med din andning. Våga stanna kvar och bara upplev känslan fullt ut, precis som den är just nu. Försök inte att analysera, konfrontera eller hålla tillbaka. Bara upplev det som är just nu.

Kom ihåg att du får bara så mycket som du klarar av att hantera vid just detta tillfälle. Lita på det!! Du kan göra om övningen, igen och igen och igen…

Kanske kommer det upp ett minne. Låt det då få komma. Bara betrakta det. Se det genom änglarnas ögon och fortsätt med andningen.

När känslan börjar avta, kan du se om det förflyttas till något annat ställe i kroppen.

Om det gör det så upprepa övningen vid detta ställe. Om inte, så kan du öppna ögonen och ta in rummet du befinner dig i just nu.

Skriv nu ner, detaljerat, vad du upplevde och eventuella minnen.
Läs sedan detta högt för dig själv. På så sätt lär du dig att artikulera och känna känslorna du upplever fullt ut.

Ställ dig nu frågan:
Hur kan jag se ett samband med det jag upplevde och mitt eget liv, här och nu?

Vilken insikt har jag kommit fram till?

Hur kan jag göra annorlunda, så jag slipper upprepa samma mönster igen?

Sedan övar du, om och om igen, när en situation uppstår, att agera annorlunda tills du programmerat in ett nytt mönster som stödjer dig i livet och ger dig en känsla av välbefinnande istället.

Hur känns det nu i kroppen?

Bra jobbat!

Meditation från inre splittring till närvaro

Sitt eller ligg bekvämt och slut ögonen. Låt alla tankar som kommer upp bara få finnas där. Fäst dig inte vid dem utan låt dem bara långsamt få flyga iväg.

Låt den ena tanken efter den andra få släppa taget utan att du fäster dig vid någon och börjar tänka vidare. Det kan hjälpa något om du koncentrerar dig på din andning.

Ta några djupa andetag och känn att du för varje utandning släpper taget mer och mer.

Jag vill nu att du ställer dig frågan, tyst för dig själv:
Inför vad känner jag en inre splittring?
Upprepa den igen.
Inför vad känner jag en inre splittring?

Känn hur din kropp reagerar. Analysera inte och försök att inte reagera på de kroppsliga signalerna utan bara betrakta dig själv, som om du ser dig själv utifrån. Acceptera att den inre splittringen finns där. Var mitt i den och andas. Fortsätt att andas mitt i denna inre splittring tills de kroppsliga sensationerna släpper.

Känn nu hur du genom dina fötter skapar kontakt med jorden. Visualisera länken som rötter som med lätthet gräver sig ner i den näringsrika jorden tills den når källan av närvaro.

Visualisera först hur du genom dina fötter tömmer ut all denna inre splittring. Känn hur du renar dig själv och hur Moder Jord tar hand om denna inre splittring och transformerar om den till närvaro. Bara släpp taget och överlämna denna begränsning och detta hinder till något större.

Känn nu hur du öppnar upp en kanal från din hjässa upp till solen. Släpp först taget om alla dina tankar som är fyllda med inre splittring. Bara släpp taget och överlämna denna begränsning och detta hinder till något större.

Gå nu ner till dina fötter och rötter igen och ta nu emot denna transformerade energi av närvaro från Moder Jord och låt den gå igenom hela din kropp. Fötter, tår, ben, rumpa, höfter, mage, rygg, bröst, armar, händer, fingrar, nacke, hals, ansikte, huvud, hår, hjässa och vidare uppåt.

Känn nu din kanal upp till solen och det rena ljuset av närvaro. Ta nu emot allt detta ljus och låt hela din kropp fyllas av ljuset. Hjässa, huvud, hår, ansikte, hals, nacke, armar, händer, fingrar, bröst, mage, rygg, höfter, rumpa, ben, fötter, tår och vidare neråt. Fyll hela din varelse.

Låt dessa två energier, dina rötter från jorden och din kanal till ljuset, mötas i ditt hjärta. Låt denna närvarons energi från ditt hjärta skapa en ljusbubbla runt dig. Visualisera din heliga plats i ditt inre. Här är du alltid trygg. Detta är din

231

plats, bara din. Där kan du ställa alla dina frågor och med visshet veta att du får de svar som du behöver. Du är trygg!

Känn nu hur allt som kommer från dig och som du sänder ut till andra, endast är närvaro.

Känn nu hur allt som kommer till dig från andra, endast är närvaro. Allt annat som inte är närvaro kommer från och med nu bara att studsa tillbaka på din ljusbubbla som finns runt omkring dig.

Sedan när du känner att du vill återvända så tacka, tyst för dig själv, jorden och tacka solen och tacka dig själv och alla dina relationer.

Väck försiktigt kroppen genom att röra lite på den och öppna långsamt ögonen.

Välkommen tillbaka!

Rum 4
Från ensamhet till tro och tillit

*"Alla stöter vi någon gång på problem
och roten till alla våra problem är
egoism och separationstänkande.
Dessa försvinner när kärlek och
helhetstänkande blir en naturlig del av
vår natur.*

*Människans kropp är hon själv
manifesterad i yttre form.
Människan är en objektiv manifestation
av hennes inre natur.
Hon är ett uttryck av hennes inre väsen.
Hon är förkroppsligandet av hennes
medvetandets kvaliteter.*

*Vi bär alla ett universum inom oss och
universum är Gud manifesterad, vilket
innebär att Gud är Du och ingen
främmad makt vi tillber.*

*När vi ber till Gud ber vi till vårt inre
att visa oss vägen. Vi ber till ursprunget*

*där vi alla urspringer ifrån och som
alltid ger oss den näring vi behöver.*

*Den/Det är redan en del av oss och är
alltid med oss och hos oss, eftersom vi
är en del av den.*

*När vi upplever ensamhet upplever vi
frånvaron av oss själva, frånvaron av
helheten, frånvaron av kärleken.*

*Kärleken är alltid med oss för kärleken
bara Är. Det är när vi låter görandet ta
över från varandet som vi upplever det
som om kärleken vänt oss ryggen, när
det egentligen är vi i vår egoism som
vänt kärleken ryggen.*

Du är aldrig ensam!

*När universum upphör att existera i
objektiv form är Gud ännu mer
utvecklad.
Detsamma gäller även för människan.''*

Känslomässiga faktorer som har med rum 4 att göra:

~ Klarar inte av att vara ensam. Kräver mycket bekräftelse och är emotionellt undernärd och självupptagen.

~ Upplever isolation och känsla av utanförskap.

~ Känner mycket irritation, frustration, otålighet, lättretlighet och stress. Väldiga mentala spänningar.

Psykiska faktorer som har med rum 4 att göra:

~ Pendlar mellan kärlek och hat, agg och bitterhet, sorg och vrede, förlåtelse och medkänsla, hopp och förtröstan, ensamhet och samhörighet.

Fysiska symtom som kan uppenbara sig vid dessa känslomässiga och psykiska blockeringar och som har med ensamhet att göra:

~ Olika hjärtproblem. *(Hjärtat är centrum för kärleken och tryggheten. Vid olika hjärtproblem kan det vara långvariga känslomässiga problem och*

235

brist på glädje. Man pressar all glädje
ur hjärtat till förmån för ex. pengars
ställning.)
~ Astma. *(Undertryckt gråt. Man känner*
sig kvävd och ofri.)
~ Allergi. *(Förnekar sin egen kraft. Till*
vem överlämnar du din kraft?)
~ Lungbesvär. *(Man känner rädsla, sorg*
och en depressiv känsla för att ta emot
livet. Känner sig inte värd att leva livet
helt och fullt. Man känner sig trött på
livet, nästintill desperat och låter inte
känslomässiga sår läka.)

Fysiska organ som har med rum 4 att
göra:
~ Hjärta
~ Kärlsystem
~ Lungor
~ Övre delen av ryggen, skuldrorna,
bröstkorg och armar
~ Diafragma
~ Thymus

Positiva själsegenskaper som har med rum 4 att göra:

~ Hjälpsamhet
~ Tålamod
~ Ödmjukhet

Änglarna guidar dig i detta rum till:

~ Att se att du redan har all den energi, uppmärksamhet, ömhet och kärlek du behöver. Det finns redan inom dig.

~ Att förstå att du nu börjar gå bortom dina tankar och känslor. Du vet att du är något mer än det, och den insikten skapar mer tålamod.

~ Att inse att du besitter en enorm vishet.

~ Att du kan hantera din högt utvecklade personlighet.

~ Att du kan med glädje vandra din väg, oberörd av andras åsikter.

Änglarna vill guida dig till att tänka:

~ "Jag följer mitt livsflöde"
~ "Alla vandrar i sin egen takt"
~ "Jag delar min kärlek, ödmjukhet och vishet med andra"

Frågor för introspektion som har med rum 4 att göra:

~ Varför beter jag mig som ett "behövande barn"?

~ Varför blir jag hela tiden så irriterad på…?

~ Varför väljer jag att dra mig undan världen och andra människor?

Övning till insikt gällande frågor för introspektion:

Sätt dig någonstans där du kan få vara i fred och sitta ostört en stund.

Ha papper och penna bredvid dig.

Läs igenom övningen noggrant innan du börjar.

Slut ögonen och känn hur det känns i din kropp när du ställer dig frågan:

Varför… (använd frågorna för introspektion som har med rum 4 att göra)?

Var känns det i kroppen?
Hur känns det?
Vad känner du?

Lägg gärna händerna på detta ställe.

Andas in i detta område i kroppen. Fyll det med din andning. Våga stanna kvar och bara upplev känslan fullt ut, precis som den är just nu. Försök inte att analysera, konfrontera eller hålla tillbaka. Bara upplev det som är just nu.

Kom ihåg att du får bara så mycket som du klarar av att hantera vid just detta tillfälle. Lita på det!! Du kan göra om övningen, igen och igen och igen…

Kanske kommer det upp ett minne. Låt det då få komma. Bara betrakta det. Se det genom änglarnas ögon och fortsätt med andningen.

När känslan börjar avta, kan du se om det förflyttas till något annat ställe i kroppen.

Om det gör det så upprepa övningen vid detta ställe. Om inte, så kan du öppna ögonen och ta in rummet du befinner dig i just nu.

Skriv nu ner, detaljerat, vad du upplevde och eventuella minnen.

Läs sedan detta högt för dig själv. På så sätt lär du dig att artikulera och känna känslorna du upplever fullt ut.

Ställ dig nu frågan:
Hur kan jag se ett samband med det jag upplevde och mitt eget liv, här och nu?

Vilken insikt har jag kommit fram till?

Hur kan jag göra annorlunda, så jag slipper upprepa samma mönster igen?

Sedan övar du, om och om igen, när en situation uppstår, att agera annorlunda tills du programmerat in ett nytt mönster som stödjer dig i livet och ger dig en känsla av välbefinnande istället.

Hur känns det nu i kroppen?

Bra jobbat!

Meditation från ensamhet till tro och tillit

Sitt eller ligg bekvämt och slut ögonen. Låt alla tankar som kommer upp bara få finnas där. Fäst dig inte vid dem utan låt dem bara långsamt få flyga iväg.

Låt den ena tanken efter den andra få släppa taget utan att du fäster dig vid någon och börjar tänka vidare.

Det kan hjälpa något om du koncentrerar dig på din andning.

Ta några djupa andetag och känn att du för varje utandning släpper taget mer och mer.

Jag vill nu att du ställer dig frågan, tyst för dig själv:

När känner jag mig som mest ensam? Upprepa den igen.

När känner jag mig som mest ensam?

Känn hur din kropp reagerar. Analysera inte och försök att inte reagera på de kroppsliga signalerna utan bara betrakta dig själv, som om du ser dig själv utifrån.

Acceptera att ensamheten finns där. Var mitt i den och andas. Fortsätt att andas mitt i denna ensamhet tills de kroppsliga sensationerna släpper.

Känn nu hur du genom dina fötter skapar kontakt med jorden. Visualisera länken som rötter som med lätthet gräver sig ner i den näringsrika jorden tills den når källan av tro och tillit.

Visualisera först hur du genom dina fötter tömmer ut känslan av ensamhet. Känn hur du renar dig själv och hur Moder Jord tar hand om denna ensamhet och transformerar om den till tro och tillit. Bara släpp taget och överlämna denna begränsning och detta hinder till något större.

Känn nu hur du öppnar upp en kanal från din hjässa upp till solen. Släpp först taget om alla dina tankar som är fyllda med ensamhet. Bara släpp taget och överlämna denna begränsning och detta hinder till något större.

Gå nu ner till dina fötter och rötter igen och ta nu emot denna transformerade energi av tro och tillit från Moder Jord och låt den gå igenom hela din kropp. Fötter, tår, ben, rumpa, höfter, mage, rygg, bröst, armar, händer, fingrar, nacke, hals, ansikte, huvud, hår, hjässa och vidare uppåt.

Känn nu din kanal upp till solen och det rena ljuset av tro och tillit. Ta nu emot allt detta ljus och låt hela din kropp fyllas av ljuset. Hjässa, huvud, hår, ansikte, hals, nacke, armar, händer, fingrar, bröst, mage, rygg, höfter, rumpa, ben, fötter, tår och vidare neråt. Fyll hela din varelse.

Låt dessa två energier, dina rötter från jorden och din kanal till ljuset, mötas i ditt hjärta. Låt denna tro och tillitens energi från ditt hjärta skapa en ljusbubbla runt dig. Visualisera din heliga plats i ditt inre. Här är du alltid trygg. Detta är din plats, bara din. Där kan du ställa alla dina frågor och med visshet veta att du får de svar som du behöver. Du är trygg!

243

Känn nu hur allt som kommer från dig och som du sänder ut till andra, endast är tro och tillit.

Känn nu hur allt som kommer till dig från andra, endast är tro och tillit. Allt annat som inte är tro och tillit kommer från och med nu bara att studsa tillbaka på din ljusbubbla som finns runt omkring dig.

Stanna nu i denna ljusbubbla av tro och tillit så länge du behöver.

Sedan när du känner att du vill återvända så tacka, tyst för dig själv, jorden och tacka solen och tacka dig själv och alla dina relationer.

Välkommen tillbaka!

Rum 5
Från påverkan utifrån till inre övertygelse

"Vi behöver alla lära oss att leva så fridfullt, harmoniskt, självständigt och målmedvetet som möjligt, vilket är ett val vi behöver göra varje dag.

Vi behöver bli medvetna om att förmågan att uppnå fullkomning bär vi alla inom oss. Det enda vi behöver göra är att öppna upp för det, vilket vi till slut måste göra. Det är en insikt som vi måste låta växa sig så stark inom oss att den till slut blir den viktigaste aspekten i vårt liv.

Vi behöver inse att vi inte är effektivast när vi stressar utan att vi får mer gjort när vi lugnt och stilla gör det vi ska.

Att lyckas harmoniera vårt liv med vår själs vilja och bevara ett tillstånd av lugn, där vare sig händelser eller

människor kan irritera oss eller störa
detta lugn, ger oss en outsäglig frid.

Detta kan verka ouppnåeligt men vi
förväntas inte alla bli helgon men vi
förväntas alla att fullfölja den uppgift
som vår gudomlighet har bestämt åt oss
i glädje och positiv anda."

Känslomässiga faktorer som har med
rum 5 att göra:

~ Döljer sitt inre kaos genom att
överdrivet måna om sitt yttre. Kan ta till
droger eller alkohol för att slippa känna
detta inre kaos. Försöker genom det att
förtränga jobbiga tankar och inre oro.

~ Man kan ha en allt för stor öppenhet
och svag egen vilja. Blir lätt utnyttjad.

~ Känner känsla av hat, avund,
svartsjuka, misstroende, hämnd och
skadeglädje. Är rädd för att bli bedragen.

~ Känner sig allt för osäker och väldigt
mottaglig för intryck utifrån.
Lättpåverkad.

Psykiska faktorer som har med rum 5 att göra:
~ Har inte förmågan att fatta konstruktiva beslut.
~ Har ofta något slags beroende.
~ Kan vara dömande och kritisk.
~ Är kreativ och har mycket kunskap men saknar tron på detta.
~ Vågar inte leva ut sina personliga drömmar.

Fysiska symtom som kan uppenbara sig vid dessa känslomässiga och psykiska blockeringar och som har med påverkan utifrån att göra:
~ Olika halsbesvär. *(Har en stark tro på att man inte kan tala i egen sak och be om det man behöver. Känsla av att man inte kan ge uttryck för sitt eget Jag. Man håller tillbaka ord av vrede.)*
~ Munsår. *(Man tänker och känner förgiftade vreda ord men vågar inte uttala dem.)*
~ Tand- och tandköttsbesvär. *(Man har en oklar inställning till livet. Har hittills fattat glädjelösa beslut. Vet inte riktigt*

247

vad man egentligen vill. Kan ge intrycket av att vara virrig. Har inte förmågan att stödja sina egna eller andras beslut i livet.)

~ Käkledsbesvär. *(Man bär på ilska, bitterhet och en längtan efter hämnd. Vill ha kontroll.)*

~ Skolios. *(Man litar inte på livet. Brist på integritet. Har inte förmågan p.g.a. rädsla att följa med i det livet erbjuder. Håller hellre fast vid gamla fastlåsta tankar. Har ännu inte modet att hålla fast vid sin egen övertygelse.)*

~ Sköldkörtelåkommor. *(Känner förödmjukelse: "När ska det bli min tur? Jag får aldrig börja göra det jag vill göra." Känner sig uppgiven och hopplöst kvävd.)*

Fysiska organ som har med rum 5 att göra:

~ Hals
~ Sköldkörtel
~ Luftstrupe, matstrupe
~ Nacke
~ Mun, tänder, tandkött
~ Bisköldkörtlar
~ Hypotalamus

Positiva själsegenskaper som har med rum 5 att göra:

~ Glädje
~ Självförverkligande
~ Medkänsla
~ Obundenhet

Änglarna guidar dig i detta rum till:

~ Att förstå att du inte behöver någon annans godkännande för att känna äkta inre glädje.

~ Att veta att du har förmågan till att kunna integrera svårigheter i livet och se problemen i sina rätta proportioner.

~ Att våga säga JA och vara medveten om vad det innebär.

~ Att våga säga NEJ utan att få dåligt
samvete.
~ Att fullt ut hänge dig åt din livsuppgift
och tjäna andra med stor insikt, utan att
låta andra tränga sig på, och ändå gå din
väg.
~ Att förstå att du i mänsklig form
representerar den gudomliga kärleken
bortom allt mänskligt förstånd, den som
omfattar och uppehåller hela universum.
~ Att veta att du håller på att bygga en
bro mellan det plan där något gammalt
misstag dolts och det plan där detta går
att bearbeta.
~ Att med säkerhet veta att du äntligen
är fri från skuggorna och bindningarna
från det förflutna.

Änglarna vill guida dig till att tänka:
~ "Jag är redan i min sanning"
~ "Det är bara i mitt inre jag finner min
livsuppgift"
~ "Jag älskar och är älskad"
~ "Jag följer min inre röst"

Frågor för introspektion som har med rum 5 att göra?

~ Varför försöker jag dölja för andra vem jag är?

~ Varför tillåter jag mig själv att bära alla dessa masker av...?

~ Varför sätter jag mig själv i en position där jag känner mig utnyttjad?

~ Varför lyckas jag inte se den högsta versionen av...?

~ Varför kan jag inte göra mig fri från...?

Övning till insikt gällande frågor för introspektion:

Sätt dig någonstans där du kan få vara i fred och sitta ostört en stund.

Ha papper och penna bredvid dig.

Läs igenom övningen noggrant innan du börjar.

Slut ögonen och känn hur det känns i din kropp när du ställer dig frågan:

Varför... (använd frågorna för introspektion som har med rum 5 att göra)?

Var känns det i kroppen?
Hur känns det?
Vad känner du?

Lägg gärna händerna på detta ställe.
Andas in i detta område i kroppen. Fyll
det med din andning. Våga stanna kvar
och bara upplev känslan fullt ut, precis
som den är just nu. Försök inte att
analysera, konfrontera eller hålla
tillbaka. Bara upplev det som är just nu.

Kom ihåg att du får bara så mycket som
du klarar av att hantera vid just detta
tillfälle. Lita på det!! Du kan göra om
övningen, igen och igen och igen…

Kanske kommer det upp ett minne. Låt
det då få komma. Bara betrakta det. Se
det genom änglarnas ögon och fortsätt
med andningen.

När känslan börjar avta, kan du se om det förflyttas till något annat ställe i kroppen.

Om det gör det så upprepa övningen vid detta ställe. Om inte, så kan du öppna ögonen och ta in rummet du befinner dig i just nu.

Skriv nu ner, detaljerat, vad du upplevde och eventuella minnen.
Läs sedan detta högt för dig själv. På så sätt lär du dig att artikulera och känna känslorna du upplever fullt ut.

Ställ dig nu frågan:
Hur kan jag se ett samband med det jag upplevde och mitt eget liv, här och nu?

Vilken insikt har jag kommit fram till?

Hur kan jag göra annorlunda, så jag slipper upprepa samma mönster igen?

Sedan övar du, om och om igen, när en situation uppstår, att agera annorlunda tills du programmerat in ett nytt mönster som stödjer dig i livet och ger dig en känsla av välbefinnande istället.

Hur känns det nu i kroppen?

Bra jobbat!

Meditation från påverkan utifrån till inre övertygelse

Sitt eller ligg bekvämt och slut ögonen. Låt alla tankar som kommer upp bara få finnas där. Fäst dig inte vid dem utan låt dem bara långsamt få flyga iväg.

Låt den ena tanken efter den andra få släppa taget utan att du fäster dig vid någon och börjar tänka vidare. Det kan hjälpa något om du koncentrerar dig på din andning. Ta några djupa andetag och känn att du för varje utandning släpper taget mer och mer.

Jag vill nu att du ställer dig frågan, tyst för dig själv:
Vem eller vad tillåter jag påverka mig som mest?
Upprepa den igen.
Vem eller vad tillåter jag påverka mig som mest?

Känn hur din kropp reagerar. Analysera inte och försök att inte reagera på de kroppsliga signalerna utan bara betrakta dig själv, som om du ser dig själv utifrån. Acceptera att påverkan utifrån finns där. Var mitt i den och andas. Fortsätt att andas mitt i denna känsla tills de kroppsliga sensationerna släpper.

Känn nu hur du genom dina fötter skapar kontakt med jorden. Visualisera länken som rötter som med lätthet gräver sig ner i den näringsrika jorden tills den når källan av inre övertygelse. Visualisera först hur du genom dina fötter tömmer ut känslan av yttre påverkan. Känn hur du renar dig själv och hur Moder Jord tar hand om denna yttre påverkan och transformerar om den till inre övertygelse. Bara släpp taget och överlämna denna begränsning och detta hinder till något större.

Känn nu hur du öppnar upp en kanal från din hjässa upp till solen. Släpp först taget om alla dina tankar som är fyllda med denna påverkan utifrån. Bara släpp taget och överlämna denna begränsning och detta hinder till något större.

Gå nu ner till dina fötter och rötter igen och ta nu emot denna transformerade energi av inre övertygelse från Moder Jord och låt den gå igenom hela din kropp. Fötter, tår, ben, rumpa, höfter, mage, rygg, bröst, armar, händer, fingrar, nacke, hals, ansikte, huvud, hår, hjässa och vidare uppåt.

Känn nu din kanal upp till solen och det rena ljuset av inre övertygelse. Ta nu emot allt detta ljus och låt hela din kropp fyllas av ljuset. Hjässa, huvud, hår, ansikte, hals, nacke, armar, händer, fingrar, bröst, mage, rygg, höfter, rumpa, ben, fötter, tår och vidare neråt. Fyll hela din varelse.

Låt dessa två energier, dina rötter från jorden och din kanal till ljuset, mötas i ditt hjärta. Låt denna inre övertygelsens energi från ditt hjärta skapa en ljusbubbla runt dig. Visualisera din heliga plats i ditt inre. Här är du alltid trygg. Detta är din plats, bara din. Där kan du ställa alla dina frågor och med visshet veta att du får de svar som du behöver. Du är trygg!

Känn nu hur allt som kommer från dig och som du sänder ut till andra, endast är inre övertygelse.

Känn nu hur allt som kommer till dig från andra, endast är inre övertygelse. Allt annat som inte är inre övertygelse kommer från och med nu bara att studsa tillbaka på din ljusbubbla som finns runt omkring dig.

Stanna nu i denna ljusbubbla av inre övertygelse så länge du behöver.

Sedan när du känner att du vill återvända så tacka, tyst för dig själv, jorden och tacka solen och tacka dig själv och alla dina relationer.

Välkommen tillbaka!

Rum 6
Från oäkta skuldkänslor till visdom

"Vår inställning till livet avgörs av hur nära förhållandet är mellan vår personlighet och själ. Ju större samspelet är, desto större harmoni och frid upplever vi.

Om vi alltid medvetet vore i kontakt med och lyssnade på det gudomliga inom oss skulle världen kunna vara ett himmelrike och jorden en planet där vi alla skulle leva i fred och frid med oss själva och varandra.

Alla oroar sig så mycket över jordens undergång. Det är inte jordens undergång vi behöver oroa oss för, utan människans.

För att detta inte ska inträffa måste vi välja medvetenheten, människa för människa, och den enda vi kan börja med är oss själva.

Mänskligheten kan inte undgå sitt öde.

Den måste se sanningen och till slut förena sig med Skaparens oändliga kärleksplan."

Känslomässiga faktorer som har med rum 6 att göra:

~ Man har svårt att känslomässigt klara av obehagliga situationer.

~ Tillfällig känsla av att inte räcka till. Ansvaret upplevs för tungt.

~ Känner sig underlägsen andra. Brist på självförtroende.

~ Får lätt dåligt samvete och känner ofta skuldkänslor.

~ Upplever sig själv som ett offer. Lägger skulden hos andra.

~ Känsla av att vara både invärtes och utvärtes oren. Kan lida av lättare tvångsmässiga behov.

~ Har en känsla av att allt man gör är en kamp. Har väldigt höga prestationskrav.

~ Upplever lidande och ögonblick av så stark plåga att hela själens existens känns hotad.

Psykiska faktorer som har med rum 6 att göra:
~ Har med sanning och självrannsakan att göra.
~ Kan uppleva sig själv som otillräcklig.
~ Har en stor öppenhet för andra människors idéer och sätt att vara. Har därför en förmåga att lära av erfarenheterna, både egna och andras.

Fysiska symtom som kan uppenbara sig vid dessa känslomässiga och psykiska blockeringar och som har med oäkta skuldkänslor att göra:
~ Hjärntumör och hjärnblödning. *(Envis personlighet som vägrar ändra gamla mönster. Har ett starkt motstånd och avvisar livet. Har känslan av att hellre dö än att förändra sig.)*
~ Epilepsi. *(Utgör våld mot sig själv. Tror sig utkämpa en hård strid. Känner sig förföljd. Avvisar livet.)*
~ Öron- och hörselproblem. *(Känner isolering, avvisande och ensamhet. Vad är det man inte vill höra?)*

261

~ Ögon- och synproblem. *(Rädd för att verkligen se sig själv. Man tycker inte om vad man ser i sitt eget liv. Vad är det man inte vill se?)*

Fysiska organ som har med rum 6 att göra:
~ Hjärna
~ Ögon, öron, näsa
~ Nervsystemet
~ Tallkottkörtel
~ Hypofys

Positiva själsegenskaper som har med rum 6 att göra:
~ Enhet
~ Villighet
~ Självförtroende
~ Uthållighet
~ Förlåtelse
~ Uppvaknande
~ Befrielse
~ Personligt ansvar

Änglarna guidar dig i detta rum till:

~ Att läka både kropp och själ.

~ Att inse att yttre disharmoni alltid avspeglar en inre obalans.

~ Att du är en av dem som kan känna av olösta konflikter i luften och har förmågan att omvandla dem till positiv energi.

~ Att du har förmågan att väcka andras tillit.

~ Att du är en av de få som är beredd att kämpa och övervinna vilka svårigheter som helst för helhetens skull.

~ Att du kan rasera låsta trosföreställningar och ta tillvara på outnyttjade resurser.

~ Att förstå att de yttre motgångarna på resan genom jordelivet är till för att bryta upp låsta attityder och livsmönster, som stagnerat under tidigare liv, så att själen kan växa och vidgas. Om du godtar det istället för att fortsätta kämpa för kampens skull, blir livet både bättre och behagligare.

~ Att besitta kraft, uthållighet och en inre visshet om din själs storhet samt se det som din uppgift att förvalta det väl.

~ Att inse att du redan är förlåten och att du har potentialen att visa andra deras gudomliga Jag.

~ Att du nu kan släppa din rädsla helt för du förstår att ditt nervsystem håller på att anpassa sig till en ny energifrekvens. Du vet att detta tillhör processen för uppvaknandet.

~ Att få tillgång till nya dimensioner och nivåer i ditt medvetande. Detta är en ny andlig fas i ditt liv.

Änglarna vill guida dig till att tänka:

~ "Jag läker både kropp och själ"

~ "Jag får bara så mycket jag kan klara av"

~ "Jag kan, jag vill, jag gör, jag lyckas"

~ "Jag låter mig vägledas"

~ "Alla nivåer inom mig kommunicerar"

~ "Jag lever"

~ "Mitt innersta väsen är oförstörbart"

~ "Jag inser sambandet mellan mina tankar och min livskvalitet"

Frågor för introspektion som har med rum 6 att göra?

~ Varför är det så svårt för mig att se min egen skönhet?

~ Varför är jag inte villig att förändra...?

~ Varför stoppar jag mig själv från att göra/ uppleva...?

~ Varför har jag så svårt för att be om hjälp?

~ Varför kan jag inte förlåta?

~ Varför vill en del av mig vara kvar i en omedveten sömn?

~ Varför har jag en sådan motvilja till förändringar?

~ Varför väljer jag att spela en roll av ett offer i mitt liv?

Övning till insikt gällande frågor för introspektion:

Sätt dig någonstans där du kan få vara i fred och sitta ostört en stund.

Ha papper och penna bredvid dig.

Läs igenom övningen noggrant innan du börjar.

Slut ögonen och känn hur det känns i din kropp när du ställer dig frågan:
Varför... (använd frågorna för introspektion som har med rum 6 att göra)?

Var känns det i kroppen?
Hur känns det?
Vad känner du?

Lägg gärna händerna på detta ställe.

Andas in i detta område i kroppen. Fyll det med din andning. Våga stanna kvar och bara upplev känslan fullt ut, precis som den är just nu. Försök inte att analysera, konfrontera eller hålla tillbaka. Bara upplev det som är just nu.

Kom ihåg att du får bara så mycket som du klarar av att hantera vid just detta tillfälle. Lita på det!! Du kan göra om övningen, igen och igen och igen...

Kanske kommer det upp ett minne. Låt det då få komma. Bara betrakta det. Se det genom änglarnas ögon och fortsätt med andningen.

När känslan börjar avta, kan du se om det förflyttas till något annat ställe i kroppen.

Om det gör det så upprepa övningen vid detta ställe. Om inte, så kan du öppna ögonen och ta in rummet du befinner dig i just nu.

Skriv nu ner, detaljerat, vad du upplevde och eventuella minnen.
Läs sedan detta högt för dig själv. På så sätt lär du dig att artikulera och känna känslorna du upplever fullt ut.

Ställ dig nu frågan:
Hur kan jag se ett samband med det jag upplevde och mitt eget liv, här och nu?
Vilken insikt har jag kommit fram till?

Hur kan jag göra annorlunda, så jag slipper upprepa samma mönster igen?

Sedan övar du, om och om igen, när en situation uppstår, att agera annorlunda tills du programmerat in ett nytt mönster som stödjer dig i livet och ger dig en känsla av välbefinnande istället.

Hur känns det nu i kroppen?

Bra jobbat!

Meditation från oäkta skuldkänslor till äkta visdom

Sitt eller ligg bekvämt och slut ögonen. Låt alla tankar som kommer upp bara få finnas där. Fäst dig inte vid dem utan låt dem bara långsamt få flyga iväg.
Låt den ena tanken efter den andra få släppa taget utan att du fäster dig vid någon och börjar tänka vidare. Det kan hjälpa något om du koncentrerar dig på din andning. Ta några djupa andetag och känn att du för varje utandning släpper taget mer och mer.

Jag vill nu att du ställer dig frågan, tyst för dig själv:
Vad känner jag skuld för?
Upprepa den igen.
Vad känner jag skuld för?

Känn hur din kropp reagerar. Analysera inte och försök att inte reagera på de kroppsliga signalerna utan bara betrakta dig själv, som om du ser dig själv utifrån. Acceptera att skuldkänslorna finns där.

Var mitt i den och andas. Fortsätt att andas mitt i denna känsla av skuld tills de kroppsliga sensationerna släpper.

Känn nu hur du genom dina fötter skapar kontakt med jorden. Visualisera länken som rötter som med lätthet gräver sig ner i den näringsrika jorden tills den når källan av äkta visdom. Visualisera först hur du genom dina fötter tömmer ut känslan av skuld. Känn hur du renar dig själv och hur Moder Jord tar hand om dessa oäkta skuldkänslor och transformerar om den till äkta visdom. Bara släpp taget och överlämna denna begränsning och detta hinder till något större.

Känn nu hur du öppnar upp en kanal från din hjässa upp till solen. Släpp först taget om alla dina tankar som är fyllda med skuld. Bara släpp taget och överlämna denna begränsning och detta hinder till något större.

Gå nu ner till dina fötter och rötter igen och ta nu emot denna transformerade energi av äkta visdom från Moder Jord och låt den gå igenom hela din kropp. Fötter, tår, ben, rumpa, höfter, mage, rygg, bröst, armar, händer, fingrar, nacke, hals, ansikte, huvud, hår, hjässa och vidare uppåt.

Känn nu din kanal upp till solen och det rena ljuset av äkta visdom. Ta nu emot allt detta ljus och låt hela din kropp fyllas av ljuset. Hjässa, huvud, hår, ansikte, hals, nacke, armar, händer, fingrar, bröst, mage, rygg, höfter, rumpa, ben, fötter, tår och vidare neråt. Fyll hela din varelse.

Låt dessa två energier, dina rötter från jorden och din kanal till ljuset, mötas i ditt hjärta. Låt denna äkta visdomens energi från ditt hjärta skapa en ljusbubbla runt dig. Visualisera din heliga plats i ditt inre. Här är du alltid trygg. Detta är din plats, bara din. Där kan du ställa alla dina frågor och med visshet veta att du får de svar som du behöver. Du är trygg!

271

Känn nu hur allt som kommer från dig och som du sänder ut till andra, endast är äkta visdom.

Känn nu hur allt som kommer till dig från andra, endast är äkta visdom. Allt annat som inte är äkta visdom kommer från och med nu bara att studsa tillbaka på din ljusbubbla som finns runt omkring dig.

Stanna nu i denna ljusbubbla av äkta visdom så länge du behöver.

Sedan när du känner att du vill återvända så tacka, tyst för dig själv, jorden och tacka solen och tacka dig själv och alla dina relationer.

Välkommen tillbaka!

Rum 7
Från yttre kontroll till kärlek

"Låt oss alltid komma ihåg att kroppen är själens jordiska boning. Låt oss därför behandla kroppen med kärlek, respekt och omsorg så att den kan få vara frisk och leva så länge som möjligt, så vi kan fullfölja vårt arbete här på jorden."

Känslomässiga faktorer som har med rum 7 att göra:

~ Man vill gärna känna sig andligt överlägsen.

~ Utövar medveten påtryckning på sina medmänniskor för att nå egna syften. Missbrukar sin begåvning och skicklighet för personliga syften.

~ Man vill så gärna påverka andra med sina idéer, men man är ännu inte vuxen sin uppgift.

~ Man utövar känslomässig utpressning och flyr in i sjukdomstillstånd för att få medlidande. Gör inget utan baktankar och kräver alltid något tillbaka.

~ Projicerar sina egna sårade känslor på sin omgivning och upptäcker genast fel på andra. Blir trångsynt och dömande.

Psykiska faktorer som har med rum 7 att göra:

~ Känner mod, osjälviskhet och medmänsklighet.

~ Förmåga att se de övergripande mönstren och upplever tro, inspiration, andlighet och hängivenhet.

Fysiska symtom som kan uppenbara sig vid dessa känslomässiga och psykiska blockeringar och som har med yttre kontroll att göra:

~ Överkänslighet för ljud och ljus. *(Energistörningar, själanöd)*

~ Kronisk trötthet utan kroppslig orsak. *(Upplever motstånd, leda och tristess. Känner brist på passion till det man jobbar och sysslar med.)*

Fysiska organ som har med rum 7 att göra:
• Muskulatur
• Skelett
• Hud

Positiva själsegenskaper som har med rum 7 att göra:
~ Empati
~ Kärlek
~ Inre frihet
~ Självbehärskning
~ Ledaregenskaper

Änglarna guidar dig i detta rum till:
~ Att inse att du inte längre behöver känna något behov av att döma någon eller något längre.
~ Att se din egen del i helheten och förstå att alla har sina egna individuella utvecklingsvägar.
~ Att uppleva villkorslös kärlek.
~ Att ge utan att tänka på att få något tillbaka.
~ Att verkligen bry dig uppriktigt om andra och ge andra trygghet.

~ Att inse att en förändring av livsstil och andlig mognad kommer av sig själv när tiden är mogen.

~ Att förstå att en bestämd livsform är en följd av andlig utveckling, inte tvärtom.

~ Att inse illusionen i att tro att du kan bemästra dig själv genom att koncentrera dig på dig själv.

~ Att veta att det räcker med att förkroppsliga dina idéer. Du behöver inte sälja in dem.

~ Att du är en äkta fackelbärare som inspirerar andra.

~ Att veta att du är en vis, äkta och älskad andlig lärare som besitter sanna ledaregenskaper.

Änglarna vill guida dig till att tänka:

~ "Jag sluter fred med mig själv och andra"

~ "Jag är trygg i mig själv"

~ "Jag låter allt växa i egen takt"

~ "Jag hushåller med min egen energi"

~ "Ske Din vilja, inte min"

Frågor för introspektion som har med rum 7 att göra:

~ Varför fortsätter jag att döma...?

~ Varför känner jag att jag har ett behov av att manipulera/ljuga/lägga till eller dra ifrån detaljer från sanningen för att bli omtyckt av andra?

~ Varför vill jag visa mig "bättre" än vad jag känner mig?

~ Varför är det så svårt för mig att hushålla med min egen energi?

~ Varför tvivlar jag på min egen ledarförmåga?

Övning till insikt gällande frågor för introspektion:

Sätt dig någonstans där du kan få vara i fred och sitta ostört en stund.

Ha papper och penna bredvid dig.

Läs igenom övningen noggrant innan du börjar.

Slut ögonen och känn hur det känns i din kropp när du ställer dig frågan:

Varför... (använd frågorna för introspektion som har med rum 7 att göra)?

Var känns det i kroppen?
Hur känns det?
Vad känner du?

Lägg gärna händerna på detta ställe.

Andas in i detta område i kroppen. Fyll det med din andning. Våga stanna kvar och bara upplev känslan fullt ut, precis som den är just nu. Försök inte att analysera, konfrontera eller hålla tillbaka. Bara upplev det som är just nu.

Kom ihåg att du får bara så mycket som du klarar av att hantera vid just detta tillfälle. Lita på det!! Du kan göra om övningen, igen och igen och igen...

Kanske kommer det upp ett minne. Låt det då få komma. Bara betrakta det. Se det genom änglarnas ögon och fortsätt med andningen.

När känslan börjar avta, kan du se om det förflyttas till något annat ställe i kroppen.

Om det gör det så upprepa övningen vid detta ställe. Om inte, så kan du öppna ögonen och ta in rummet du befinner dig i just nu.

Skriv nu ner, detaljerat, vad du upplevde och eventuella minnen.
Läs sedan detta högt för dig själv. På så sätt lär du dig att artikulera och känna känslorna du upplever fullt ut.

Ställ dig nu frågan:
Hur kan jag se ett samband med det jag upplevde och mitt eget liv, här och nu?

Vilken insikt har jag kommit fram till?

Hur kan jag göra annorlunda, så jag slipper upprepa samma mönster igen?

Sedan övar du, om och om igen, när en situation uppstår, att agera annorlunda tills du programmerat in ett nytt mönster som stödjer dig i livet och ger dig en känsla av välbefinnande istället.

Hur känns det nu i kroppen?

Bra jobbat!

Meditation från yttre kontroll till kärlek

Sitt eller ligg bekvämt och slut ögonen.

Låt alla tankar som kommer upp bara få finnas där. Fäst dig inte vid dem utan låt dem bara långsamt få flyga iväg.
Låt den ena tanken efter den andra få släppa taget utan att du fäster dig vid någon och börjar tänka vidare. Det kan hjälpa något om du koncentrerar dig på din andning. Ta några djupa andetag och känn att du för varje utandning släpper taget mer och mer.

Jag vill nu att du ställer dig frågan, tyst för dig själv:
Vad eller vem försöker jag kontrollera?
Upprepa den igen.
Vad eller vem försöker jag kontrollera?

Känn hur din kropp reagerar. Analysera inte och försök att inte reagera på de kroppsliga signalerna utan bara betrakta dig själv, som om du ser dig själv utifrån.

Acceptera att denna kontrollerande känsla finns där. Var mitt i den och andas. Fortsätt att andas mitt i denna känsla av kontroll tills de kroppsliga sensationerna släpper.

Känn nu hur du genom dina fötter skapar kontakt med jorden. Visualisera länken som rötter som med lätthet gräver sig ner i den näringsrika jorden tills den når källan av kärlek. Visualisera först hur du genom dina fötter tömmer ut känslan av yttre kontroll. Känn hur du renar dig själv och hur Moder Jord tar hand om dessa kontrollerande känslor och transformerar om dem till kärlek. Bara släpp taget och överlämna denna begränsning och detta hinder till något större.

Känn nu hur du öppnar upp en kanal från din hjässa upp till solen. Släpp först taget om alla dina tankar som är fyllda med yttre kontroll. Bara släpp taget och överlämna denna begränsning och detta hinder till något större.

Gå nu ner till dina fötter och rötter igen och ta nu emot denna transformerade energi av kärlek från Moder Jord och låt den gå igenom hela din kropp. Fötter, tår, ben, rumpa, höfter, mage, rygg, bröst, armar, händer, fingrar, nacke, hals, ansikte, huvud, hår, hjässa och vidare uppåt.

Känn nu din kanal upp till solen och det rena ljuset av kärlek. Ta nu emot allt detta ljus och låt hela din kropp fyllas av ljuset. Hjässa, huvud, hår, ansikte, hals, nacke, armar, händer, fingrar, bröst, mage, rygg, höfter, rumpa, ben, fötter, tår och vidare neråt. Fyll hela din varelse.

Låt dessa två energier, dina rötter från jorden och din kanal till ljuset, mötas i ditt hjärta. Låt denna kärlekens energi från ditt hjärta skapa en ljusbubbla runt dig. Visualisera din heliga plats i ditt inre. Här är du alltid trygg. Detta är din plats, bara din. Där kan du ställa alla dina frågor och med visshet veta att du får de svar som du behöver. Du är trygg!

Känn nu hur allt som kommer från dig och som du sänder ut till andra, endast är kärlek.

Känn nu hur allt som kommer till dig från andra, endast är kärlek. Allt annat som inte är kärlek kommer från och med nu bara att studsa tillbaka på din ljusbubbla som finns runt omkring dig.

Stanna nu i denna ljusbubbla av kärlek så länge du behöver.

Sedan när du känner att du vill återvända så tacka, tyst för dig själv, jorden och tacka solen och tacka dig själv och alla dina relationer.

Välkommen tillbaka!

De fyra nivåerna och de fem F:en

Enligt änglarna behöver varje människa gå igenom fyra olika nivåer för att kunna nå full frihet, självförverkligande och ett fullt utvidgat medvetande. Man skulle för enkelhetens skull kunna kalla de olika nivåerna för medvetandesteg.

Mellan varje nivå finns ett energetiskt utrymme, som ett mellanrum, där änglarna hjälper oss över bron från en nivå till en annan. Det är när vi befinner oss i dessa mellanrum som vi kan uppleva kaos och uppgivenhet i våra liv, som om vi "tappat fotfästet". Detta är endast en övergångsperiod och här kan vi ta änglarna till hjälp för att ta oss över bron från en nivå till en annan. På så sätt kommer vi att landa tryggt och säkert på en djupare nivå med ett ännu mer utvidgat medvetande.

De fyra olika nivåerna är:
1. Kroppsnivån
2. Själsnivån
3. Kristusnivån
4. Gudsnivån

De fem F:en är:
1. Förlåtelse
2. Förståelse
3. Förändring
4. Förvandling
5. Fri vilja

För att djupt inom oss kunna anamma och tillämpa **Förlåtelse** i våra liv, kan vi ta **Ärkeängel Uriel** till hjälp
Ärkeängel Uriel är Förlåtelsens ängel och Ärkeängel Uriel hjälper dig att förlåta så att du kan leva i harmoni med dig själv och andra. (Läs mer om Ärkeängel Uriels insikt under budskap 1 "Förlåta och försonas").

FÖRLÅTELSE
Budskap och meditation från Ärkeängel Uriel

Ärkeängel Uriel är här för att hjälpa dig att uppleva försoningens befrielse genom förlåtelse så att du kan leva i harmoni med dig själv och andra.

Uriel vill hjälpa dig med att förstå att skuldkänslor, ånger, bitterhet, missnöje, sorg och alla former av brist på förlåtelse orsakas av att du tillbringar för mycket tid i det förflutna eller i framtiden genom dina tankar och mister då din länk och energisamklang med änglarna.

Uriel vill att du ska veta att problem är inget annat än mentala konstruktioner som inte kan överleva då du är i samklang med änglarna. Alla problem behöver antingen accepteras eller hanteras och Uriel är här för att hjälpa dig förstå skillnaden.

Problem betyder att dina tankar upptas av en viss situation eller person och denna identifikation gör att du omedvetet skapar problemet till en del av din självbild, vilket i sin tur skapar smärta. Stressen som uppstår av denna smärta orsakas av att vara "här" men vilja vara "där". Att leva här och nu men vilja vara antingen i det förflutna eller i framtiden, är en splittring som kan slita sönder dig inombords.

Uriel är här för att hjälpa dig hela denna splittring. Just nu är någon form av handling bättre än ingen handling alls, speciellt om du har suttit fast i en olycklig situation en längre tid.

Uriel kallas också för "psykologängeln" och är här för att hjälpa dig släppa taget om din oförmåga att förlåta. Uriel hjälper dig att rensa bort och rena dig från alla gifter som orsakas av mentala och emotionella blockeringar. Denna frigöring kommer att befria dig. Försoningens frid som kommer genom din villighet att förlåta kommer skölja över dig, i dig och runt dig när du bestämmer dig för att släppa taget om all ilska som finns i ditt hjärta och ditt sinne.

Uriel vill få dig att förstå att du inte är ensam och att när du förlåter, tillåter du samtidigt andra människor att bli fria.

Meditation
Ta nu några djupa andetag.

Låt alla tankar som kommer upp bara få finnas där. Fäst dig inte vid dem utan låt dem bara långsamt få flyga iväg. Låt den ena tanken efter den andra få släppa taget utan att du fäster dig vid någon och börjar tänka vidare. Det kan hjälpa något om du koncentrerar dig på din andning.

Känn nu hur du genom dina fötter skapar kontakt med jorden. Visualisera länken som rötter som med lätthet gräver sig ner i den näringsrika jorden tills de når källan, som är fylld med all den kreativa kraft och det sanna modet som du behöver för att fullt ut kunna anamma din livsuppgift.

Visualisera först hur du genom dina fötter tömmer ut allt det som inte är du och det du inte längre behöver. Känn hur du renar dig själv och hur Moder Jord tar hand om detta och transformerar om det till välbehövlig energi.

Ta nu emot denna transformerade energi och låt den gå igenom hela din kropp. Genom dina fötter, tår, ben, rumpa, höfter, mage, rygg, bröst, armar, händer, fingrar, nacke, hals, huvud, hår, ansikte.

Känn nu hur du öppnar upp en kanal från din hjässa upp till solen. Börja med att tömma huvudet på alla tankar som finns där. Låt dem bara flyga iväg och transformeras om till ljus av solen.

Ta nu emot allt detta ljus och låt hela din kropp fyllas av ljuset. Från din hjässa, huvud, hår, ansikte, hals, nacke, armar, händer, fingrar, bröst, mage, rygg, höfter, rumpa, ben, fötter, tår. Fyll hela din varelse.

Låt dessa två energier, dina rötter från jorden och din kanal till ljuset, mötas i ditt hjärta. Låt denna kärlekens energi från ditt hjärta skapa en ljusbubbla runt dig. Visualisera din heliga plats i ditt inre. Här är du alltid trygg. Detta är din plats, bara din. Detta är din källa dit du närsomhelst kan återvända. Där kan du ställa alla dina frågor och med visshet veta att du får de svar som du behöver. Du är trygg!

Där, i din plats av trygghet uppträder nu Ärkeängel Uriel. Känn hur Uriel omsluter dig med sin energi. Överlämna nu alla dina blockeringar och din oförmåga att förlåta till Uriel.

Uriel lägger nu sin hand på ditt hjärta och fyller hela din varelse, in på cellnivå med mod, kraft och kärlek. Uriel säger högt till dig:

"Jag hjälper dig att förlåta så att du kan leva i harmoni med dig själv och andra"

"Jag hjälper dig att förlåta så att du kan leva i harmoni med dig själv och andra"

"Jag hjälper dig att förlåta så att du kan leva i harmoni med dig själv och andra"

Uriel vill nu att du tar några djupa andetag och visualiserar i ditt inre personen eller situationen som du vill hela, förlåta och försonas med.
Sedan upprepar du tyst i ditt inre:

Tack alla mina änglar för att ni hjälper mig att fylla den här situationen med ljus och kärlek.
Mitt syfte är att hela den här situationen i ljus och kärlek.
Jag släpper mitt eget behov av att kontrollera situationen och låter er, mina änglar, fylla denna situation med hopp, förståelse och insikt.
Jag har tillit till att det finns en djupare mening för den här situationen och jag tackar er, mina änglar, för att ni hjälper mig och personen i fråga att komma till insikt.
Tack, mina änglar, för att ni hjälper mig att ha tillit till den gudomliga ordningen och vad som behövs just nu.

Förlåt mig…
Tack för att du finns…
Jag älskar dig…
Jag är så ledsen…
Kärlek är framför mig…
Kärlek är bakom mig…
Kärlek är till vänster om mig…
Kärlek är till höger om mig…
Kärlek är ovanför mig…
Kärlek är under mig…
Kärlek är inom mig…
Kärlek är i min omgivning…
Kärlek till dig och denna situation…
Kärlek till alla…
Kärlek till universum…
Sitt sedan tyst en stund och släpp ditt
band med personen/ situationen i fråga.

Du känner hur du villigt tar emot Uriels
välsignelse och du säger tillbaka till
Uriel:
"Tack för att du höjer mina tankar om
mig själv och andra och ger mig ögon
som kan se din välsignelse i allt och alla.
Tack för att du hjälper mig att uppleva

allt det mod och den kärlek som jag vet existerar i allas hjärta.

Tack för att du avlägsnar allt det som inte tillhör mig, och ger mig tillit till att det som Gud har gett mig och som tillhör mig kan ingen annan ta ifrån mig.

Tack för att du ger mig vissheten till förståelse att de som Gud har fört samman kan ingen människa skilja åt. Tack för alla de relationer som inte längre finns i mitt liv. Jag förstår nu att de inte tillhör mig. Jag välsignar dem med din hjälp och överlämnar dem till Gud.

Tack för att du skapar utrymme i mitt liv för nya relationer som tillhör mig. Jag välkomnar dem nu med ett öppet hjärta med Guds välsignelse.

Tack för att du höjer mig över världens mörker och låter mig genomdränkas av ljus, vilket gör att jag känner tröst och lugn i sanningen. Jag är ett barn av Gud och med din hjälp sprider jag detta till världen endast genom vetskapen att jag är värdig för att jag finns till.

Tack för ännu en underbar dag och den perfekta koreografin i mitt liv så att jag kan få möjlighet att uttrycka och visa den högsta versionen av mig själv. Jag överlämnar nu alla mina tankar, känslor av rädsla och problem till dig, därför att jag vet att lösningen redan finns här och genom att jag överlämnar allt till dig så vet jag att jag får en gudomlig lösning och ett gudomligt svar tillbaka.

Jag är villig att se mig själv, min situation och mitt liv på ett annat sätt och jag accepterar allt som det är just nu.

Tack!"

Se nu, inom dig, hur du och Uriel tackar varandra. Ärkeängel Uriel är från och med nu alltid med dig och närvarande i ditt liv.

Sitt nu en stund tills du känner dig helt färdig med meditationen, sedan kan du långsamt öppna ögonen och med visshet veta att från och med nu lever du i harmoni med dig själv och andra samt i samklang med Ärkeängel Uriel.

För att djupt inom oss kunna anamma och tillämpa **Förståelse** i våra liv, kan vi ta **Ärkeängel Mikael** till hjälp Ärkeängel Mikael är Beskyddarens ängel och beskyddar dig, din familj och allt som du skapar- nu och för alltid. (Läs mer om Ärkeängel Mikaels insikt under budskap 14 "Stå upp för dig själv och din sanning").

FÖRSTÅELSE
Budskap och meditation från Ärkeängel Mikael

Ärkeängel Mikael vill hjälpa dig med att stå upp för dig själv, det du tror på och dina beslut.

Ärkeängel Mikael beskyddar dig, din familj och allt som du skapar- nu och för alltid.

Ärkeängel Mikael skär igenom illusionens slöja så att du kan leva i den absoluta sanningen, och ger dig modet till att göra de livsförändringar som behövs för att du i trygghet ska kunna arbeta med ditt gudomliga livssyfte.

Ärkeängel Mikael hjälper dig att släppa bindningen till ditt förflutna. Tillåt Mikael att kapa alla bindningar till de relationer som inte längre fyller någon funktion i ditt liv. Tillåt även Mikael att kapa alla känslotillstånd och invanda tankemönster som är kopplade till minnen som inte längre tjänar något syfte.

Tillåt Ärkeängel Mikael hjälpa dig att bli fri och leva i denna frihet för all evighet.

Ärkeängel Mikael hjälper dig att släppa taget om alla självdestruktiva tankar, känslor och beteenden, så att du kan leva i total sinnesfrid.

Ärkeängel Mikael ber dig att stå upp för dig själv, det du tror på och dina beslut. Även om det kan kännas lockande att ge med sig för någon annans vilja, så ber Mikael dig om att stå fast vid ditt beslut. Du vet vad du gör och var du är på väg. Du behöver inte försvara dig själv eller förklara varför. Människor i din närhet kanske inte, just nu, förstår ditt syfte och din vision eftersom du är en av dem som går först i ledet. Våga vara den som andra människor vill följa. Ärkeängel Mikael är med dig och hjälper dig. Du kommer att lyckas!

Stå stadigt och backa inte, för det är viktigt att du står upp för din övertygelse. Håll ut och stå stadigt i kärlekens ljus. Tänk ljusa tankar, känn kärlek och agera med övertygelse.

Det värsta är nu bakom dig och din framtid är nu tryggt skyddad av Ärkeängel Mikael.

Meditation

Ta nu några djupa andetag.

Låt alla tankar som kommer upp bara få finnas där. Fäst dig inte vid dem utan låt dem bara långsamt få flyga iväg. Låt den ena tanken efter den andra få släppa taget utan att du fäster dig vid någon och börjar tänka vidare. Det kan hjälpa något om du koncentrerar dig på din andning.

Känn nu hur du genom dina fötter skapar kontakt med jorden. Visualisera länken som rötter som med lätthet gräver sig ner i den näringsrika jorden tills de når källan, som är fylld med all den kreativa kraft och det sanna modet som du behöver för att fullt ut kunna anamma din livsuppgift.

Visualisera först hur du genom dina fötter tömmer ut allt det som inte är du och det du inte längre behöver. Känn hur du renar dig själv och hur Moder Jord tar hand om detta och transformerar om det till välbehövlig energi.

Ta nu emot denna transformerade energi och låt den gå igenom hela din kropp. Genom dina fötter, tår, ben, rumpa, höfter, mage, rygg, bröst, armar, händer, fingrar, nacke, hals, huvud, hår, ansikte.

Känn nu hur du öppnar upp en kanal från din hjässa upp till solen. Börja med att tömma huvudet på alla tankar som finns där. Låt dem bara flyga iväg och transformeras om till ljus av solen.

299

Ta nu emot allt detta ljus och låt hela din kropp fyllas av ljuset. Från din hjässa, huvud, hår, ansikte, hals, nacke, armar, händer, fingrar, bröst, mage, rygg, höfter, rumpa, ben, fötter, tår. Fyll hela din varelse.

Låt dessa två energier, dina rötter från jorden och din kanal till ljuset, mötas i ditt hjärta. Låt denna kärlekens energi från ditt hjärta skapa en ljusbubbla runt dig. Visualisera din heliga plats i ditt inre. Här är du alltid trygg. Detta är din plats, bara din. Detta är din källa dit du närsomhelst kan återvända. Där kan du ställa alla dina frågor och med visshet veta att du får de svar som du behöver. Du är trygg!

Där, i din plats av trygghet uppträder nu Ärkeängel Mikael. Känn hur Mikaels energi omsluter dig med sin blåa gudomliga energi. Överlämna nu alla dina destruktiva tankar, känslor, beteenden och oönskade bindningar till

Ärkeängel Mikael. Mikael lägger nu sin hand på ditt hjärta och fyller hela din varelse, in på cellnivå med kärlek och sin läkande kraft. Mikael säger högt till dig:

"Jag beskyddar dig, din familj och allt som du skapar- nu och för alltid"

"Jag beskyddar dig, din familj och allt som du skapar- nu och för alltid"

"Jag beskyddar dig, din familj och allt som du skapar- nu och för alltid"

Du känner hur du villigt tar emot Mikaels välsignelse och du säger tillbaka till Mikael:
"Tack för att du höjer mina tankar om mig själv och andra och ger mig ögon som kan se din välsignelse i allt och alla. Tack för att du hjälper mig att uppleva all den kärlek som jag vet existerar i allas hjärta.
Tack för att du avlägsnar allt det som inte tillhör mig, och ger mig tillit till att det

som Gud har gett mig och som tillhör mig kan ingen annan ta ifrån mig.

Tack för att du ger mig vissheten till förståelse att de som Gud har fört samman kan ingen människa skilja åt. Tack för alla de relationer som inte längre finns i mitt liv. Jag förstår nu att de inte tillhör mig. Jag välsignar dem med din hjälp och överlämnar dem till Gud.

Tack för att du skapar utrymme i mitt liv för nya relationer som tillhör mig. Jag välkomnar dem nu med ett öppet hjärta med Guds välsignelse.

Tack för att du höjer mig över världens mörker och låter mig genomdränkas av ljus, vilket gör att jag känner tröst och lugn i sanningen. Jag är ett barn av Gud och med din hjälp sprider jag detta till världen endast genom vetskapen att jag är värdig för att jag finns till.

Tack för ännu en underbar dag och den perfekta koreografin i mitt liv så att jag kan få möjlighet att uttrycka och visa den högsta versionen av mig själv. Jag överlämnar nu alla mina tankar, känslor

av rädsla, oläkta sår och problem till dig, därför att jag vet att lösningen redan finns här och genom att jag överlämnar allt till dig så vet jag att jag får en gudomlig lösning och ett gudomligt svar tillbaka. Jag är villig att se mig själv, min situation och mitt liv på ett annat sätt och jag accepterar allt som det är just nu.
Tack!"

Se nu, inom dig, hur du och Mikael tackar varandra. Ärkeängel Mikael är från och med nu alltid med dig och närvarande i ditt liv.

Sitt nu en stund tills du känner dig helt färdig med meditationen, sedan kan du långsamt öppna ögonen och med visshet veta att från och med nu lever du ett heligt liv i samklang med Ärkeängel Mikael.

För att djupt inom oss kunna anamma och tillämpa **Förändring** i våra liv, kan vi ta **Ärkeängel Gabriel** till hjälp Ärkeängel Gabriel är Kreativitetens ängel och Ärkeängel Gabriel hjälper dig att uppleva kreativitetens fulla kraft som leder dig till din livsuppgift. (Läs mer om Ärkeängel Gabriels insikt under budskap 17 "Kreativitetens kraft").

FÖRÄNDRING
Budskap och meditation från Ärkeängel Gabriel

Ärkeängel Gabriel är här för att hjälpa dig att uppleva kreativitetens fulla kraft som leder dig till din livsuppgift.

Gabriel vill hjälpa dig med att ha nyfikenhet snarare än rädsla som drivkraft i ditt liv eftersom att leva kreativt är de modigas väg, och Gabriel är här för att säga att du är en av de modiga.

Gabriel vill att du ska förstå den universella frågan om varför du är här, därför att Gabriel vet att du ställt den frågan många gånger. De människor som har funnit svaret på denna fråga utstrålar en viss slags energi som andra människor dras till och deras tillvaro är fylld av mening. Den insikt de vunnit om syftet med sitt liv ger dem förmågan att glädjas åt livet när det är bra och styrka att klara av de svåra perioderna i livet.

Gabriel ber dig att inte gripas av panik om du inte vet vad ditt ändamål är just nu, utan börja bara med att titta lite extra på den frågan och lita på de svar du hör från ditt inre. Dina inre röster finns där för att leda dig till storslagna höjder.

Gabriel vet att du vid något tillfälle i livet fått en glimt av din kallelse, men av någon anledning valde du att inte följa den. Du lyssnar på det här just nu därför att Gabriel vill ge dig en andra chans. Gabriel är här just nu med sin energi för att ge dig insikt om din livsuppgift och även mod till att följa den. Tillåt Gabriel vägleda dig till att göra sådant du gillar och tycker om, helt enkelt bara för att du mår bra när du gör det.

Gabriel vill att du med säkerhet ska veta att du är utvald. Du har nu tillåtelse till att leva ett kreativt liv. Gabriel vill att du ska veta att du är välsignad.

Meditation
Ta nu några djupa andetag.

Låt alla tankar som kommer upp bara få finnas där. Fäst dig inte vid dem utan låt dem bara långsamt få flyga iväg. Låt den ena tanken efter den andra få släppa taget utan att du fäster dig vid någon och börjar tänka vidare. Det kan hjälpa något om du koncentrerar dig på din andning.

Känn nu hur du genom dina fötter skapar kontakt med jorden. Visualisera länken som rötter som med lätthet gräver sig ner i den näringsrika jorden tills de når källan, som är fylld med all den kreativa kraft och det sanna modet som du behöver för att fullt ut kunna anamma din livsuppgift.

Visualisera först hur du genom dina fötter tömmer ut allt det som inte är du och det du inte längre behöver. Känn hur du renar dig själv och hur Moder Jord tar hand om detta och transformerar om det till välbehövlig energi.

Ta nu emot denna transformerade energi och låt den gå igenom hela din kropp. Genom dina fötter, tår, ben, rumpa, höfter, mage, rygg, bröst, armar, händer, fingrar, nacke, hals, huvud, hår, ansikte.

Känn nu hur du öppnar upp en kanal från din hjässa upp till solen. Börja med att tömma huvudet på alla tankar som finns där. Låt dem bara flyga iväg och transformeras om till ljus av solen.

Ta nu emot allt detta ljus och låt hela din kropp fyllas av ljuset. Från din hjässa, huvud, hår, ansikte, hals, nacke, armar, händer, fingrar, bröst, mage, rygg, höfter, rumpa, ben, fötter, tår. Fyll hela din varelse.

Låt dessa två energier, dina rötter från jorden och din kanal till ljuset, mötas i ditt hjärta. Låt denna kärlekens energi från ditt hjärta skapa en ljusbubbla runt dig. Visualisera din heliga plats i ditt inre. Här är du alltid trygg. Detta är din plats, bara din. Detta är din källa dit du närsomhelst kan återvända. Där kan du ställa alla dina frågor och med visshet veta att du får de svar som du behöver. Du är trygg!

Där, i din plats av trygghet uppträder nu Ärkeängel Gabriel. Känn hur Gabriel omsluter dig med sin rosa gudomliga energi. Överlämna nu alla dina hindrande rädslor till Gabriel.

Gabriel lägger nu sin hand på ditt hjärta och fyller hela din varelse, in på cellnivå med mod, kraft och kärlek. Gabriel säger högt till dig:

"Jag hjälper dig att uppleva kreativitetens fulla kraft som leder dig till din livsuppgift."

"Jag hjälper dig att uppleva kreativitetens fulla kraft som leder dig till din livsuppgift."

"Jag hjälper dig att uppleva kreativitetens fulla kraft som leder dig till din livsuppgift."

Du känner hur du villigt tar emot Gabriels välsignelse och du säger tillbaka till Gabriel:
"Tack för att du höjer mina tankar om mig själv och andra och ger mig ögon som kan se din välsignelse i allt och alla.
Tack för att du hjälper mig att uppleva allt det mod som jag vet existerar i allas hjärta.
Tack för att du avlägsnar allt det som inte tillhör mig, och ger mig tillit till att det som Gud har gett mig och som tillhör mig kan ingen annan ta ifrån mig.

Tack för att du ger mig vissheten till förståelse att de som Gud har fört samman kan ingen människa skilja åt. Tack för alla de relationer som inte längre finns i mitt liv. Jag förstår nu att de inte tillhör mig. Jag välsignar dem med din hjälp och överlämnar dem till Gud.

Tack för att du skapar utrymme i mitt liv för nya relationer som tillhör mig. Jag välkomnar dem nu med ett öppet hjärta med Guds välsignelse.

Tack för att du höjer mig över världens mörker och låter mig genomdränkas av ljus, vilket gör att jag känner tröst och lugn i sanningen. Jag är ett barn av Gud och med din hjälp sprider jag detta till världen endast genom vetskapen att jag är värdig för att jag finns till.

Tack för ännu en underbar dag och den perfekta koreografin i mitt liv så att jag kan få möjlighet att uttrycka och visa den högsta versionen av mig själv. Jag överlämnar nu alla mina tankar, känslor av rädsla och problem till dig, därför att jag vet att lösningen redan finns här och

genom att jag överlämnar allt till dig så vet jag att jag får en gudomlig lösning och ett gudomligt svar tillbaka.
Jag är villig att se mig själv, min situation och mitt liv på ett annat sätt och jag accepterar allt som det är just nu.
Tack!"

Se nu, inom dig, hur du och Gabriel tackar varandra. Ärkeängel Gabriel är från och med nu alltid med dig och närvarande i ditt liv.

Sitt nu en stund tills du känner dig helt färdig med meditationen, sedan kan du långsamt öppna ögonen och med visshet veta att från och med nu lever du ett kreativt liv i samklang med Ärkeängel Gabriel.

För att djupt inom oss kunna anamma och tillämpa **Förvandling** i våra liv, kan vi ta **Ärkeängel Rafael** till hjälp Ärkeängel Rafael är Helandets ängel och Ärkeängel Rafael hjälper dig att läka alla dina sår så att du kan uppleva helandets sanna natur. (Läs mer om Ärkeängel Rafaels insikt under budskap 21 "Den gudomliga läkaren finns inom dig").

FÖRVANDLING
Budskap och meditation från Ärkeängel Rafael

Ärkeängel Rafael vill hjälpa dig med att förstå att det finns en läkande kraft inom dig som är en sorts gudomlig läkare placerad inne i ditt medvetande. Denna del av dig kommunicerar med varje cell i din kropp. Energin i denna kraft är som en slags intelligens som går bortom dina egna tankar och känslor, och som verkar i en dimension som existerar i djupet av din själ.

Rafael hjälper dig att nå denna dimension inom dig.

Rafael är som en slags bro över- från den mänskliga medvetandenivån till den gudomliga medvetandenivån.

Ärkeängel Rafael är här för att hjälpa dig att läka alla dina sår- kroppsliga, mentala, emotionella och själsliga- så att du kan uppleva helandets sanna natur. Rafael vill att du ska veta att din fysiska kropp håller på att helas. Känn hur Rafaels energi omringar dig, omsluter alla delar och absorberas där den behövs. Rafael är en äkta och sann healer som hjälper dig att hela din fysiska gestalt. Och för att din fysiska gestalt fullt ska kunna bli helad behöver även dina mentala, emotionella och själsliga sår läka.

Rafael hjälper dig inifrån och ut. Rafael vill att du med visshet ska veta att även DU är en äkta och sann healer.

Rafael är här för att be dig om att inte vara rädd för att be Rafael om en "tjänst". Du kan aldrig be om för mycket. Rafael är alltid närvarande i ditt liv och väntar bara på att du ska kontakta, kommunicera och leva i samklang med Rafaels energi. Du behöver inte vara rädd för att störa Rafael eller be om för mycket. Rafael älskar att du ber om en "tjänst". Det finns inga "tjänster" som är för små eller för stora, och Rafael ber aldrig om någon "gentjänst".

Rafael är ren gudomlig kärlek och kan därför hjälpa dig på ett äkta och hållbart sätt eftersom Rafael är helheten, friden och kärleken som du söker, längtar efter och eftersträvar.

Meditation

Ta nu några djupa andetag.

Låt alla tankar som kommer upp bara få finnas där. Fäst dig inte vid dem utan låt dem bara långsamt få flyga iväg. Låt den ena tanken efter den andra få släppa taget utan att du fäster dig vid någon och börjar tänka vidare. Det kan hjälpa något om du koncentrerar dig på din andning.

Känn nu hur du genom dina fötter skapar kontakt med jorden. Visualisera länken som rötter som med lätthet gräver sig ner i den näringsrika jorden tills de når källan, som är fylld med all den kreativa kraft och det sanna modet som du behöver för att fullt ut kunna anamma din livsuppgift.

Visualisera först hur du genom dina fötter tömmer ut allt det som inte är du och det du inte längre behöver. Känn hur du renar dig själv och hur Moder Jord tar hand om detta och transformerar om det till välbehövlig energi.

Ta nu emot denna transformerade energi och låt den gå igenom hela din kropp. Genom dina fötter, tår, ben, rumpa, höfter, mage, rygg, bröst, armar, händer, fingrar, nacke, hals, huvud, hår, ansikte.

Känn nu hur du öppnar upp en kanal från din hjässa upp till solen. Börja med att tömma huvudet på alla tankar som finns

315

där. Låt dem bara flyga iväg och transformeras om till ljus av solen.

Ta nu emot allt detta ljus och låt hela din kropp fyllas av ljuset. Från din hjässa, huvud, hår, ansikte, hals, nacke, armar, händer, fingrar, bröst, mage, rygg, höfter, rumpa, ben, fötter, tår. Fyll hela din varelse.

Låt dessa två energier, dina rötter från jorden och din kanal till ljuset, mötas i ditt hjärta. Låt denna kärlekens energi från ditt hjärta skapa en ljusbubbla runt dig. Visualisera din heliga plats i ditt inre. Här är du alltid trygg. Detta är din plats, bara din. Detta är din källa dit du närsomhelst kan återvända. Där kan du ställa alla dina frågor och med visshet veta att du får de svar som du behöver. Du är trygg!

Där, i din plats av trygghet uppträder nu Ärkeängel Rafael. Känn hur Rafaels energi omsluter dig med sin gröna gudomliga energi. Överlämna nu alla dina oläkta sår till Rafael.

Rafael lägger nu sin hand på ditt hjärta och fyller hela din varelse, in på cellnivå med kärlek och sin läkande kraft. Rafael säger högt till dig:

"Jag hjälper dig att läka alla dina sår så att du kan uppleva helandets sanna natur"

"Jag hjälper dig att läka alla dina sår så att du kan uppleva helandets sanna natur"

"Jag hjälper dig att läka alla dina sår så att du kan uppleva helandets sanna natur"

Du känner hur du villigt tar emot Rafaels välsignelse och du säger tillbaka till Rafael:
"Tack för att du höjer mina tankar om mig själv och andra och ger mig ögon som kan se din välsignelse i allt och alla. Tack för att du hjälper mig att uppleva all den kärlek som jag vet existerar i allas hjärta.

Tack för att du avlägsnar allt det som inte tillhör mig, och ger mig tillit till att det som Gud har gett mig och som tillhör mig kan ingen annan ta ifrån mig.

Tack för att du ger mig vissheten till förståelse att de som Gud har fört samman kan ingen människa skilja åt.

Tack för alla de relationer som inte längre finns i mitt liv. Jag förstår nu att de inte tillhör mig. Jag välsignar dem med din hjälp och överlämnar dem till Gud.

Tack för att du skapar utrymme i mitt liv för nya relationer som tillhör mig. Jag välkomnar dem nu med ett öppet hjärta med Guds välsignelse.

Tack för att du höjer mig över världens mörker och låter mig genomdränkas av ljus, vilket gör att jag känner tröst och lugn i sanningen. Jag är ett barn av Gud och med din hjälp sprider jag detta till världen endast genom vetskapen att jag är värdig för att jag finns till.

Tack för ännu en underbar dag och den perfekta koreografin i mitt liv så att jag kan få möjlighet att uttrycka och visa den

högsta versionen av mig själv. Jag överlämnar nu alla mina tankar, känslor av rädsla, oläkta sår och problem till dig, därför att jag vet att lösningen redan finns här och genom att jag överlämnar allt till dig så vet jag att jag får en gudomlig lösning och ett gudomligt svar tillbaka. Jag är villig att se mig själv, min situation och mitt liv på ett annat sätt och jag accepterar allt som det är just nu.
Tack!"

Se nu, inom dig, hur du och Rafael tackar varandra. Ärkeängel Rafael är från och med nu alltid med dig och närvarande i ditt liv.

Sitt nu en stund tills du känner dig helt färdig med meditationen, sedan kan du långsamt öppna ögonen och med visshet veta att från och med nu lever du ett heligt liv i samklang med Ärkeängel Rafael.

För att djupt inom oss kunna anamma och tillämpa **Fri vilja** i våra liv, kan vi ta **Lariella** till hjälp

Lariella är Medkänslans ängel och Lariella hjälper dig att uppleva den kärlek som existerar i allas hjärta. (Läs mer om Lariellas insikt under budskap 6 "Kristusenergin").

FRI VILJA
Budskap och meditation från Lariella- Medkänslans ängel

Lariella- Medkänslans ängel arbetar med Kristusenergin och är här för att hjälpa dig att uppleva den kärlek som existerar i allas hjärta.

Medkänslans ängel vill hjälpa dig med att förstå att mänskligheten befinner sig under stark press att utvecklas eftersom det är vår enda möjlighet att överleva som ras. Detta kommer att påverka alla aspekter av ditt liv och i synnerhet dina nära relationer.

Aldrig tidigare har relationer varit så problematiska och konfliktfyllda som de är nu och Medkänslans ängel är här för att hjälpa dig med alla dina relationer. Medkänslans ängel vill att du djupt inom dig ska veta att dina relationer med människor inte existerar för att göra dig lycklig eller tillfreds, utan de existerar för att göra dig medveten och hjälpa dig att leva i samklang med den högre medvetenheten som vill födas i den här världen.

De människor som håller fast vid sina gamla mönster kommer att möta mer smärta och förvirring.

De människor som är villiga att göra en förändring, kommer att födas på nytt eftersom verklig förändring sker i det inre och inte i det yttre.

Eftersom du läser det här just nu så är DU en utav dessa människor som inte bara kommer att födas på nytt, utan även kommer att hjälpa andra att göra det.

Lariella vill att du ger dig hän och överlämnar dig själv till Kristusenergin. Låt friden av Kristusenergin strömma in i allt du gör. Kristusenergin är din inneboende gudomliga essens eller ditt högre Jag.

Kristi återkomst är inget annat än en omvandling av mänsklig medvetenhet, en övergång från tänkande till ren medvetenhet där subjekt och objekt smälter samman och blir Ett. Kristusenergin är sanningen inom dig, den gudomliga närvaron, evigt liv som existerar här och nu och för all evighet. Lariella vill att du ska veta att för somliga människor kan orden "att ge sig hän och överlämna sig själv" väcka negativa föreställningar som exempelvis att ge upp, att inte kunna möta livets utmaningar, att bli handlingsförlamad och så vidare.

Sant överlämnande är dock någonting helt annat. Det betyder inte att du passivt står ut med vad som helst i den situationen du befinner dig i och inte gör något åt saken. Det betyder inte heller att sluta planera eller ta initiativ till positiva förändringar.

Sant överlämnande är visheten att ge efter för istället för att göra motstånd mot livets flöde, att släppa ditt inre motstånd mot det som Är.

Inre motstånd är att säga "nej" till det som Är genom mentalt dömande av situationen som skapar känslomässig negativitet.

Att ge efter för och släppa ditt inre motstånd befriar dig omedelbart från identifikationen med egot (d.v.s. intellektet och dina tankar) och sätter dig istället i direktkontakt med Kristusenergin. Kom ihåg att motstånd är egot, och att allt överlämnande är att vara medveten. Egot är präglat av det förflutna och strävar alltid efter att återskapa det välkända. Även om det är smärtsamt är det åtminstone välbekant. Egot håller sig alltid till det som välkänt för dig. Att ge sig hän och överlämna sig själv, däremot, öppnar en dörr så att Kristusenergin kan komma in och ge dig den klara och rena medvetenheten som behövs i just den stunden.

Lariella vill att du nu, just nu, tar ett djupt andetag och släpper ditt inre motstånd. Ge dig hän och överlämna dig själv till Kristusenergin. Låt nu denna energi fylla hela ditt väsen och öppna dig för en ny slags medvetenhet.

Meditation

Ta nu några till djupa andetag.

Låt alla tankar som kommer upp bara få finnas där. Fäst dig inte vid dem utan låt dem bara långsamt få flyga iväg. Låt den ena tanken efter den andra få släppa taget utan att du fäster dig vid någon och börjar tänka vidare. Det kan hjälpa något om du koncentrerar dig på din andning.

Känn nu hur du genom dina fötter skapar kontakt med jorden. Visualisera länken som rötter som med lätthet gräver sig ner i den näringsrika jorden tills de når källan, som är fylld med all den kärlek som du behöver för att fullt ut kunna anamma Kristusenergin.

Visualisera först hur du genom dina fötter tömmer ut allt det som inte är du och det du inte längre behöver. Känn hur du renar dig själv och hur Moder Jord tar hand om detta och transformerar om det till välbehövlig energi.

Ta nu emot denna transformerade energi och låt den gå igenom hela din kropp. Genom dina fötter, tår, ben, rumpa, höfter, mage, rygg, bröst, armar, händer, fingrar, nacke, hals, huvud, hår, ansikte.

Känn nu hur du öppnar upp en kanal från din hjässa upp till solen. Börja med att tömma huvudet på alla tankar som finns där. Låt dem bara flyga iväg och transformeras om till ljus av solen.

Ta nu emot allt detta ljus och låt hela din kropp fyllas av ljuset. Från din hjässa, huvud, hår, ansikte, hals, nacke, armar, händer, fingrar, bröst, mage, rygg, höfter, rumpa, ben, fötter, tår. Fyll hela din varelse.

Låt dessa två energier, dina rötter från jorden och din kanal till ljuset, mötas i ditt hjärta. Låt denna kärlekens energi från ditt hjärta skapa en ljusbubbla runt dig. Visualisera din heliga plats i ditt inre. Här är du alltid trygg. Detta är din plats, bara din. Detta är din källa dit du närsomhelst kan återvända. Där kan du ställa alla dina frågor och med visshet veta att du får de svar som du behöver. Du är trygg!

Där, i din plats av trygghet uppträder nu Lariella- Medkänslans ängel. Känn hur Lariella omsluter dig med den guldliknande Kristusenergin. Överlämna nu allt ditt motstånd till denna Kristusenergi.

Lariella lägger nu sin hand på ditt hjärta och fyller hela din varelse, in på cellnivå med denna Kristusenergi. Lariella säger högt till dig:

"Jag hjälper dig att uppleva den kärlek som jag vet existerar i allas hjärta. Jag undervisar genom att vara, genom att demonstrera Guds frid och via Kristusenergin befriar jag dig och världen från omedvetenhet."

"Jag hjälper dig att uppleva den kärlek som jag vet existerar i allas hjärta. Jag undervisar genom att vara, genom att demonstrera Guds frid och via Kristusenergin befriar jag dig och världen från omedvetenhet."

"Jag hjälper dig att uppleva den kärlek som jag vet existerar i allas hjärta. Jag undervisar genom att vara, genom att demonstrera Guds frid och via Kristusenergin befriar jag dig och världen från omedvetenhet."

Du känner hur du villigt tar emot Lariellas välsignelse och du säger tillbaka till Lariella:

"Tack för att du höjer mina tankar om mig själv och andra och ger mig ögon som kan se din välsignelse i allt och alla. Tack för att du hjälper mig att uppleva allt det mod som jag vet existerar i allas hjärta.

Tack för att du avlägsnar allt det som inte tillhör mig, och ger mig tillit till att det som Gud har gett mig och som tillhör mig kan ingen annan ta ifrån mig.

Tack för att du ger mig vissheten till förståelse att de som Gud har fört samman kan ingen människa skilja åt.

Tack för alla de relationer som inte längre finns i mitt liv. Jag förstår nu att de inte tillhör mig. Jag välsignar dem med din hjälp och överlämnar dem till Gud.

Tack för att du skapar utrymme i mitt liv för nya relationer som tillhör mig. Jag välkomnar dem nu med ett öppet hjärta med Guds välsignelse.

Tack för att du höjer mig över världens mörker och låter mig genomdränkas av ljus, vilket gör att jag känner tröst och lugn i sanningen. Jag är ett barn av Gud och med din hjälp sprider jag detta till världen endast genom vetskapen att jag är värdig för att jag finns till.

Tack för ännu en underbar dag och den perfekta koreografin i mitt liv så att jag kan få möjlighet att uttrycka och visa den högsta versionen av mig själv. Jag överlämnar nu alla mina tankar, känslor av rädsla och problem till dig, därför att jag vet att lösningen redan finns här och genom att jag överlämnar allt till dig så vet jag att jag får en gudomlig lösning och ett gudomligt svar tillbaka.

Jag är villig att se mig själv, min situation och mitt liv på ett annat sätt och jag accepterar allt som det är just nu.

Tack!"

Se nu, inom dig, hur du och Lariella tackar varandra.

Kristusenergin är från och med nu alltid med dig och närvarande i ditt liv.

Sitt nu en stund tills du känner dig helt färdig med meditationen, sedan kan du långsamt öppna ögonen och med visshet veta att från och med nu lever du ett medvetet liv i samklang med Kristusenergin.

När vi djupt inom oss har förstått samt integrerat alla de fem F:en och även tillämpat dem i vårt liv, då kan vi nå äkta Frihet.

Kroppsnivån har en energifrekvens som stämmer väl överens med de inre rummen 1, 2 och 3. Här finns även en stark koppling till det Jung kallar Personan och skuggan. Här behöver vi ta till och integrera det första F:et "Förlåtelse" för att kunna ta oss till nästa nivå. Det först F:et "Förlåtelse" är som en slags förbindelselänk till nivå 2 och vi kan inte nå nivå 2 om vi inte djupt inom har anammat vad äkta förlåtelse innebär och har tillämpat det i vårt liv.

Själsnivån har en energifrekvens som stämmer väl överens med de inre rummen 4 och 5. Här finns även en stark koppling till det Jung kallar Anima/Animus. Här behöver vi ta till och integrera det andra och tredje F:et "Förståelse och Förändring" för att kunna ta oss till nästa nivå. Det andra och tredje F:et "Förståelse och Förändring" är som en slags förbindelselänk till nivå 3 och vi kan inte nå nivå 3 om vi inte djupt inom har anammat vad äkta förståelse och förändring innebär och har tillämpat det i vårt liv.

Kristusnivån har en energifrekvens som stämmer väl överens med de inre rummen 6 och 7. Här finns även en stark koppling till det Jung kallar Självet. Här behöver vi ta till och integrera det fjärde F:et "Förvandling" för att kunna ta oss till nästa nivå. Det fjärde F:et "Förvandling" är som en slags förbindelselänk till nivå 4 och vi kan inte nå nivå 4 om vi inte djupt inom har anammat vad äkta förvandling innebär och har tillämpat det i vårt liv.

Gudsnivån är den fria viljans nivå som vi kan uppleva då vi inte längre har någon bindning till innehållet i våra inre rum. Här behöver vi ta till och integrera det femte F:et "Fri vilja" för att kunna ta oss till "Frihet". Det femte F:et "Fri vilja" är som en slags förbindelselänk till Friheten och vi kan inte nå Frihet om vi inte djupt inom har anammat vad Fri vilja innebär och har tillämpat det i vårt liv.

Paramhanasa Yogananda kallar Gudsnivån för "Cosmic Consciousness"[87].
Yogananda skriver i sin bok, *The second coming of Christ* (2015), att det finns ytterligare ett lager i det mänskliga psyket vilket Yogananda kallar *"Cosmic Consciousness"*. The Cosmic Consciousness går enligt Yogananda bortom det Jung kallar för Självet. Yogananda beskriver det som att när en människa förstår sig själv kan denna människa uppleva acceptans och kärlek med sig själv. För att uppnå detta behöver människan vara hel, vilket är ett annat uttryck för självförverkligande, enligt Yogananda. Detta kan förstås, enligt Jung, att en människa förflyttat

---

[87] "Cosmic Consciousness" har i denna bok översatts med "Gudsnivån".

fokuspunkten till Självet och på så sätt uppnått självförverkligande, det vill säga uppnått målet för individuationsprocessen.

Enligt Yogananda finns det ytterligare ett steg som inte är en intellektuell förståelse utan en levande upplevelse. Yogananda återberättar sin egen upplevelse av The Cosmic Consciousness så här:

> "Sri Yukteswar gav mig ett lätt slag på bröstet över hjärtat. Min kropp blev orörligt fastnaglad; luften drogs ur mina lungor som av en väldig magnet. Själen och sinnet miste omedelbart sina fysiska band och strömmade ut som ett flytande, genomträngande ljus från varje por. Kroppen verkade som om den hade dött; ändå visste jag i min intensiva medvetenhet att jag aldrig tidigare hade varit helt levande. Min känsla av identitet var inte längre enbart begränsad till en kropp, utan omfattade atomerna som kringslöt mig. Folk på gator långt borta verkade röra sig mjukt över min egen avlägsna periferi. Rötterna hos växter och träd syntes genom den lätt genomskinliga marken; jag kunde skönja saven strömma i dem. Mitt normala

framåtriktade synfält hade nu förändrats till en vid, sfärisk syn som uppfattade allt samtidigt. En omätlig glädje bröt fram utefter min själs lugna, oändliga stränder. Jag förstod att Guds ande är outtömlig lycksalighet; Hans kropp är oräkneliga ljusvävnader. Jag blev medveten om att himlavalvets centrum var en punkt av intuitiv varseblivning i mitt hjärta. En praktfull utstrålning utgick från mitt allra innersta till varje del av den universella strukturen. Jag hörde Guds skapande röst genljuda som Aum, den vibrerande Kosmiska drivkraften."[88]

Yogananda menar vidare att detta tillstånd och lager i det mänskliga psyket kan en människa inte självmant nå eller få att hända, det vill säga en människa kan inte göra det på egen hand, det måste ges till denna människa och allt som behövs är, enligt Yogananda, ett djupt sökande med ett hjärta fyllt av vördnad och längtan efter Gud.

---

[88] Yogananda 2013:140-141

Yogananda menar att när en människa är redo för detta kommer en guru att visa sig för denna människa som överför insikten om "The Cosmic Consciousness". För att detta ska kunna inträffa behöver människan först på egen hand ha tillämpat lärorna, som kan ges av flera lärare, vilket leder till självförverkligande. När steget mot självförverkligande är uppnått visar sig en guru som, enligt Yogananda, endast kan vara en, det vill säga en människa kan ha många lärare men endast en guru[89].

---

[89] En fullständig förklaring av det som Yogananda kallar "The guru and disciples relationship" finns att läsa i Yoganandas bok *The Second Coming of Christ* (2015) vol.1 Discourse 9.

Mer om författaren

Min berättelse

Den 26 december 2004 förändrades mitt liv för alltid. Jag vet precis i vilket ögonblick det var, oftast går dessa ögonblick obemärkta förbi och så kommer vi att tänka på dem efteråt när vi blickar tillbaka. Men för mig var det annorlunda. Jag kommer ihåg att jag satt uppe på ett berg med mina två barn i knäet. Svetten rann ner över ögonen och det kändes som om hela jag var blöt av alla olika slags vätskor som kroppen kan utsöndra av ren överlevnadsinstinkt. Vi tog en liten paus och satte oss ner och jag slöt ögonen en kort stund. När jag åter öppnade ögonen så strilade en ljusstrimma från solen genom den täta växtligheten och mötte mina ögon. Jag kände hur mina ögon tårades och för en

337

kort stund släppte ångesten sitt grepp om min trötta kropp. I den stunden visste jag att mitt liv för alltid var förändrat. Vi hade drabbats av Tsunamin i vårt underbara paradis i Thailand.

Jag visste inte i den stunden om vi skulle komma ner från berget levande. Men en sak visste jag och det var att i den stunden av allt detta lidande kunde jag känna en kort stunds obeskrivlig lycka. Låter konstigt men så var det. Jag hade min familj samlad som just då kändes som det viktigaste i livet. Om vi skulle drabbas av den där andra vågen, om den lyckades nå oss uppe på berget, så visste jag i alla fall att ingen av oss skulle överleva. Det kanske inte låter som någon vidare tröst, men i den stunden, när livet testar ens styrka till max, så var det min räddning. Vi var i alla fall samlade, jag och min familj. I samma stund visste jag också att överlever vi det här så kommer mitt liv att se väldigt annorlunda ut. Vi överlevde och mitt liv ser helt annorlunda ut.

Jag vaknade tidigt den där morgonen, söndag 26 december 2004, dagen då mitt liv förändrades. Visst är det märkligt med förändringar. Vissa bara sker utan att vi lägger märke till dem. Helt plötsligt så har de bara skett. Andra förändringar är mer påtagliga och vi vet exakt vilken dag och tid förändringen inträffade. Till och med känslan i kroppen kan återupplevas som om det precis inträffat. Även lukter och smaker finns kvar efter lång tid. Jag brukar dela in de olika förändringarna i de synliga och de osynliga. De synliga är de som vi med ögat märker, precis som med den synliga världen vi lever i. Vi kan ta på det, se det och kanske med tiden även förstå det. De osynliga förändringarna är de som vi kan känna och kanske inte märker förrän de inträffat. Precis som i den osynliga världen är det svårt att se dessa, vi kan inte greppa dess språk och vi har svårt att förstå dess orsak och betydelse. Den här förändringen denna dag integrerade dessa två världar. Vissa insikter kommer inte alltid som på rosa moln, fastän vi

339

kanske tror och önskar det. Vissa insikter ruskar om oss ordentligt innan vi förstår dess innebörd. Vissa människor behöver ruskas om mer än andra för att förstå och tydligen var jag en av dessa.

Vi hade redan hunnit få tio fantastiska dagar i vårt paradis och den morgonen var det min tur av att få njuta av en härlig strandpromenad. Det var så skönt att stiga upp tidigt för att få denna stund för mig själv innan allt satte igång. Speciellt med små barn i huset. För mig var det ett sätt att välkomna dagen.

Utan att väcka de andra som fortfarande sov gott, smög jag mig ut för att njuta av min morgonstund. Jag gick ner på stranden och mötte ett fåtal människor som förmodligen hade samma tanke som jag, att njuta av ännu en underbar morgon. Men istället för att fyllas av den där sköna och avslappnande känslan som jag brukade göra, fylldes jag av oro, sorg och illamående. Jag blev själv väldigt förvånad över den hastigt ombytta sinnesstämningen. Jag hälsade på en thailändare som höll på att

340

förbereda sin lilla shop vid stranden. Jag noterade en örn som cirkulerade ovanför mig under hela promenaden. Illamåendet och huvudvärken ville inte släppa så jag bestämde mig för att gå tillbaka till vår bungalow. Jag kröp ner i sängen igen och bultade på min ex-man, Johan, för att han skulle vakna. -Är du redan tillbaka? svarade han lite morgontrött. Jag berättade om min huvudvärk, illamående och alla känslor som plötsligt hade givit sig tillkänna. Vi småpratade en lång stund om allt och ingenting som vi brukade göra. Det kändes skönt och avslappnat och jag började må lite bättre. Barnen sov längre än vad de brukade göra så frukosten blev lite senare för oss denna morgon. Efter frukosten var det dags för Johan att få sin Thaimassage vid stranden så jag tog barnen till vår bungalow för att packa ner våra badkläder och strandleksaker för att tillbringa ännu en underbar dag tillsammans vid havet. Väl vid vår bungalow hinner det nog inte gå mer än 15 minuter då jag hör Johan vråla mitt namn. Tack vare detta vrål tittar jag ut och får se vattnet.

Vi tog var sitt barn i famnen och började springa mot berget på andra sidan. Vad jag slogs av senare men inte tänkte på då var den stora tystnaden som jag hörde. Det var som om hörseln på mig helt plötsligt stängts av. Trots allt skrik av människor runt omkring mig så hörde jag dem inte. Det kändes som om jag var där men ändå inte. Som att ha en kupol av bomull runt omkring mig. Jag var lugn, nästan oförskräckt lugn, huvudet var helt tomt på tankar. Det fanns ingen pågående dialog i huvudet på mig om vi skulle göra si eller så. Jag bara visste vad vi skulle göra. Det var som att slå av en knapp till den här världen och sätta på en knapp till en annan. Exakt vad som hände däremellan och tills vi befann oss vid bergets fot för att börja klättra har helt försvunnit ur mitt minne. Kroppen har sina intelligenta sätt att hjälpa oss att överleva trauman. Vi var många som anslöt till berget och det var bara att börja klättra. All höjdskräck, orm- och spindelfobi var som bortblåsta. Alla hjälptes åt så gott det gick och de flesta höll sig relativt lugna. Då och då utbröt panik och vid de tillfällena började jag sjunga julsånger för mig själv. Av någon anledning höll det mig lugn. Eftersom vi hade fått rusa ut ur vår bungalow så hade jag inte hunnit få på några skor, varken på mig eller på barnen. Johan tog vår äldsta dotter på ryggen så hon skulle slippa få stickor i fötterna och på benen. Jag hade svårt att klara av att hålla vår yngsta son i famnen samtidigt som jag klättrade, men eftersom han fortfarande inte klarade av att hålla sig fast bak på min rygg så var jag tvungen att hålla honom i famnen. Jag var så tacksam över min kropp vid det tillfället. Jag visste att min kropp var stark efter all träning jag utövat under flera års tid. Trots det kunde jag emellanåt känna hur mina ben skakade och svetten forsade från min kropp. Vid ett tillfälle blev det för mycket och jag kände blodsmaken i munnen. Jag var då tvungen att stanna vid ett av träden och kräkas. Jag tror inte att jag kräktes så mycket av själva klättringen utan mer av all anspänning över att inte ha kontroll. Att inte veta om vi skulle överleva eller inte.

Barnen var helt fantastiska. De sa inte ett ljud och gjorde precis som de blev tillsagda att göra. Precis som vi, så förstod de också allvaret i det hela. En svensk man gick förbi mig där jag stod och kräktes vid trädet med min son i famnen. Johan hade redan tagit sig en bra bit upp med vår dotter och jag bad honom att fortsätta. -Vill du ha hjälp? frågade den svenska mannen. Jag kan hjälpa dig bära din son. Jag tvekade ett ögonblick. Jag ville inte i det ögonblick lämna ifrån mig det mest värdefulla i mitt liv. Han såg min tvekan och förstod. -Jag går precis framför dig. Du har uppsikt över oss hela tiden. Jag gav honom min son och förklarade för mitt älskade barn att jag går precis bakom. Jag började sjunga "Midnatt Råder" högt för honom för han älskade den sången, speciellt när det kommer till Tipp Tapp. Där brukade han ta i för full hals. Så vi sjöng den högt tillsammans och på så sätt visste vi var vi hade varandra.

Johan var först uppe med vår dotter på en bra platå uppe på berget och vi andra anslöt och satte oss ner en stund för att hämta andan. Jag var glad över Johans både fysiska och psykiska styrka och jag visste att han skulle göra allt han kunde för sin familjs överlevnad. Jag kände mig lättad över att åter ha min son i mina armar och lättad över att få sätta mig ner en liten stund. Berget var brant och med djungelterräng så man kunde inte sitta var som helst. Det började bli trångt och vi försökte göra plats åt varandra. En gravid kvinna satte sig ner bredvid mig och jag såg hennes oro och frågade om allt var okej. -Jag har kommit bort från min man och mina två barn, sa hon med tårar i ögonen. Jag tog hennes hand men kunde då inte säga något för jag hade själv gråten i halsen och ville inte förvärra situationen. Hon förstod och vi bara satt där tysta tillsammans utan att säga ett enda ord mer, men våra kroppar talade och att hålla någon i handen när

345

man är som mest sårbar är en stor välsignelse. För ett kort ögonblick kunde jag känna hur solen letade sig fram mellan träden och jag kände dess värme på mitt ansikte. Under den korta stunden fylldes hela jag av värme, styrka och hopp. Jag försökte allt vad jag kunde med tankens kraft att föra över denna känsla av hopp till den gravida kvinnan bredvid mig genom min hand. Jag vet inte om jag lyckades eller inte, men det kändes bra att i alla fall försöka göra något för henne. Jag kunde känna hur Johan tittade på mig och jag vände huvudet åt hans håll. Han log och jag kunde se styrkan i hans ögon. Jag log tillbaka och jag vet att han såg styrkan i mina ögon. Vi kände båda en enorm lycka och kärlek i den stunden bara genom att få vara samlade alla fyra. Genom bara ett ögonkast förstod vi båda att överlever vi det här så kommer våra liv att för alltid vara förändrade. Överlever vi inte så är vi åtminstone tillsammans och vi skulle just i det ögonblicket dö lyckliga.

Mina tankar avbröts av att panik började spridas i lägret. Någon ropade nerifrån att vi måste klättra högre för en våg till var på väg. Den gravida kvinnan tittade på mig och jag på henne och vi log, sedan släppte vi varandras händer och hon anslöt med ett annat par för att klättra högre upp. Jag önskade henne lycka till. Jag såg inte henne igen och jag hoppas att allt gick bra. Jag blev sittandes med båda barnen i knäet och Johan kom fram till mig och frågade

-Ska vi stanna här eller fortsätta upp en bit?

-Vi stannar, svarade jag. Jag kände hur han knuffade mig lite lätt i sidan och sa:

-Me Tarzan, you Jane.

-Ja, svarade jag. You Tarzan, me Jane.

I den stunden brydde jag mig inte om något annat än min familj. Ingenting annat var viktigt än själva Livet. Jag visste att jag i den stunden befann mig endast i nuet. Ingenting annat var tänkbart. Jag vet att jag hann tänka på hur märkligt allt var. Det här var andra gången som jag befann mig så nära

347

döden och det jag funnit då i de ögonblicken var själva livet. Min stora rädsla har alltid varit döden. Så länge jag kan minnas har jag dragits med en dödsångest. Och nu satt jag här och visste inte om jag skulle få se solen gå upp följande dag, och allt jag kände var lugn. Jag förstod att livet och döden alltid kommer att vara varandras följeslagare och jag visste att jag till slut var tvungen att ge upp kampen och kapitulera till livet.

Många olika känslor hann genomströmma min kropp under alla dessa timmar på berget. Allt ifrån rädslan över att inte veta om vi skulle överleva, till lyckan över att vi alla i familjen var samlade. Jag bara lät den ena känslan få ersättas av en annan. Det fanns inget annat att göra just i den stunden än att vänta. Jag fick sitta vid min källa och tålmodigt hålla hoppet uppe. Jag visste inte om det var livet eller döden jag väntade på men det spelade inte så stor roll. Jag kände mig lugn. Det enda vi faktiskt med säkerhet vet, är att vi föds och att vi dör. Och vi har valt att kalla tiden mellan födelse och död för liv. Livet blir vad vi gör det till, varken mer eller mindre.

Många gånger har jag funderat över meningen med livet. Och förmodligen så finns det lika många svar på detta som det finns antalet människor. Svaret för mig blev väldigt enkelt där jag satt på berget. Livet är egentligen så enkelt. Livet är till för att levas och utvecklas! Allt annat får vi överlämna till det stora mysteriet. Det är bara att fortsätta framåt och vidare i varje stund. Acceptera livet och vara nöjd med det som är. Det finns inget annat att göra, eller hur? Allt blir så enkelt när saker och ting sätts på sin yttersta spets. Då plötsligt är man nöjd med allt man har, lugnet infinner sig och man accepterar allt. I alla fall var det så för mig. I den stunden var jag fullkomligt nöjd med mig själv och tacksam över att jag var jag. Jag visste att jag egentligen inte behöver något annat än mig själv och att lita till min egen förmåga. Det är det enda sättet att överleva. Om jag känner full tillit till mig själv så ger jag automatiskt andra tillåtelse att känna tillit. Det finns inget annat sätt än att leva det man vill vara, att vara ett levande exempel för sig själv och andra. Att leva som man lär! För egentligen är ord bara ett påstående. Orden behöver upplevas för att skapa tillit och handlingen är dess bevis på hur medvetna vi egentligen är. Det är många nu för tiden som pratar om sitt budskap och vill förmedla den på ett eller annat sätt. Men det är få som verkligen lyckas att ge sitt budskap en själ.

Efter ett flertal timmar uppe på berget var det en skön känsla när vi hörde en röst på lite knagglig engelska att vi kunde börja klättra ner. Jag och Johan tittade lite lättat på varandra och undrade samtidigt hur vi på bästa tänkbara sätt skulle ta oss ner från berget. Det var brant och jorden var torr så vi förstod att vi skulle kasa på våra fötter hela vägen ner med var sitt barn i famnen och inga skor. Vi började strategiskt att lokalisera bästa vägen ner för att slippa bränna upp våra fötter av allt kasande. Vi fick ta bit för bit och steg för steg. Så äntligen efter en massa blåmärken och skavsår senare stod vi på marken igen. Vi tog oss tillbaka till vår bungalow och bad en stilla bön för att våra pass och pengar skulle vara i någorlunda gott skick, om de nu var kvar överhuvudtaget. Förödelsen som mötte oss var enorm. Det var så overkligt. Bara några timmar innan hade allt varit som vanligt. Nu var det som om man hade släppt ner en bomb och knäppt med fingrarna så att allting var borta eller i spillror. Vi blev väldigt lättade och samtidigt förvånade över att finna vårt boende och våra saker i så gott skick. Även mobiltelefonen fann vi, dessutom fullt användbar. När jag såg på mobiltelefonen slog det mig hur oroliga alla måste vara hemma i Sverige. I just det ögonblicket ringde telefonen och jag såg att det var min pappa. Jag kände en klump i halsen och svarade. När han fick höra min röst och jag hans, så bara brast det. Vi bara grät båda två. Jag lyckades få fram att vi alla överlevt och mådde bra och att vi hade allt vi behövde för att ta oss hem. Det var det enda jag lyckades få fram vid det tillfället för vi klarade inte av mer, varken jag eller pappa.

Det var omöjligt att sova den natten. Kroppen var fortfarande inställd på alarmberedskap och redo att fly i vilken sekund som helst. Vi stannade ytterligare ett par dagar eftersom vi inte var skadade och det var de som behövde flygstolarna bättre än oss, resonerade vi oss fram till. Vi tog oss sedan vidare till Bangkok och sedan hem till Sverige.

Känslorna var många och starka. Att återse våra nära och kära kändes givetvis skönt men också påfrestande. På TV och radio blev vi matade med så mycket samtidigt som vänner och familj ringde och ville besöka oss. Av all välmening, men både Johan och jag gled omedvetet in i vår egen lilla värld av tystnad. Det kändes som om hela livet hann i fatt oss och allt som legat undangömt kom upp till ytan. Vi trodde att denna händelse skulle föra oss ännu närmare varandra men istället gled vi bara mer och mer isär och vi förstod båda två att detta var början till vår skilsmässa.

Änglarna säger:
"Vad som än händer i ditt liv så fortsätt att utföra dina övningar för personlig och andlig utveckling.

Vad som än händer i ditt liv så fortsätt att göra din yoga, meditation, mindfulness, skogspromenad, dans, målning, läsning, skrivning och allt det som får just Dig att komma i kontakt med din inre vishet.

Vad som än händer i ditt liv så fortsätt framåt.
Därför att en dag, och den dagen kommer till alla, så kommer du att behöva visa och demonstrera all styrka, mod, kraft, närvaro, medkänsla, förmågan att förlåta och allt det som dessa övningar ger dig. Övningarna förbereder dig för dessa utmanande situationer.
Den dagen är det upp till bevis på vad du har lärt dig under alla dessa år av

träning, övning och praktiserande av olika typer av andligt utövande. Den dagen integreras formens värld med det formlösas värld.

Änglarna ber dig att även om du känner ett inre motstånd, gör dina övningar ändå!

Änglarna ber dig att även om du känner att du är osäker på Din väg, gör dina övningar ändå!

Änglarna ber dig att även om du känner att du inte vet hur du ska gå vidare, trots alla år av ansträngning med din egen personliga utveckling, gör dina övningar ändå!

Du kommer med tiden att förstå varför."

Den dagen var min största tragedi men också min största välsignelse. Den dagen var både ett sammanbrott och ett genombrott. Den dagen var slutet på mitt liv som det då såg ut och början på ett liv som är mer integrerat, helt och fyllt av mening och syfte. Den dagen gav mig inte endast en intellektuell förståelse för livet, utan en djup inre visshet för livet.

Jag önskar Dig all lycka med Ditt liv och varmt välkommen att besöka min värld hos antonsdotter.com

Med kärlek,
Rosanna Lariella Antonsdotter

Tack

Tack till alla Änglar!

Jag älskar Er…

Litteraturförteckning

Almqvist, Kurt. (1997). *Att läsa Jung. Om arketyper, kultur, individuation, religion och politik*. Stockholm: Bokförlaget Natur och Kultur.

Almqvist, Kurt & Hammer, Olav. (Red.). (1999). *Jung och det andliga*. Stockholm: Svenska Förlaget.

Antonsdotter, Rosanna Lariella. (2009). *Fem Insikter om Frihet*. Visby: Nomen Förlag.

Antonsdotter, Rosanna lariella. (2013). *Genom betraktarens ögon*. Visby: Nomen Förlag

Antonsdotter, Rosanna Lariella. (2015). *Sök och du ska finna*. Stockholm: BoD Förlag.

Antonsdotter, Rosanna Lariella. (2016). *Änglainsikter.* Stockholm: BoD Förlag.

Antonsdotter, Rosanna. (2018). *Den individuella individuationens mångdimensionella uttryck: En religionspsykologisk tolkning av Paramahansa Yoganandas personlighetsutveckling enligt den analytiska psykologin.* Hämtat från: http://hig.diva-portal.org/smash/record.jsf?pid=diva2%3A1227971&dswid=7706

Bach, Edward (2019). *The Bach Centre.* Hämtat från: https://www.bachcentre.com/new/about-us/history/dr-bach/

Bibel 2000. (2018). https://www.bibeln.se/om-bibeln/bibel-2000/

Barach, Alvan. (Mars-April 1947).
*Physiologic and Antibiotic
(Penicillin) Therapy in Chronic
Hypertrophic Pulmonary.
Diseases of the chest, 13*, ss. 91-
122. Hämtat från https://www-
sciencedirect-
com.webproxy.student.hig.se/sci
ence/article/pii/S0096021715340
693?via%3Dihub den 5 April
2018

Briggs & Myers. (2019). Webbplats:
http://www.myersbriggs.org/my-mbti-
personality-type/

Chandra, S., Sharma, G., Mittal Prakash, A., & Jha, D. (2016). *Effect of Sudarshan Kriya (meditation) on gamma, alpha and theta rhythm during working memory task.* *International Journal of Yoga, 9*, ss. 72-76. Hämtat från https://www-sciencedirect-com.webproxy.student.hig.se/science/article/pii/S0096021715340693?via%3Dihub den 5 April 2018

Ford, Debbie (2002). *Krama din skugga.* Scandbook

Foundation for Inner Peace (2008). *Bönens sång och psykoterapi.* Sverige: Regnbågsförlaget

Foundation for Inner Peace (2005). *En kurs i mirakler.* Sverige: Regnbågsförlaget

Geels, Antoon. (2008). *Medvetandets stilla grund.* Lund. Studentlitteratur.

Geels, Antoon & Wikström, Owe. (2012). *Den religiösa människan: En introduktion till religionspsykologin.* Natur och kultur.

Harris, Judith (2000). *Jung and Yoga: The Psyche-Body Connection.* Inner City Books.

Hay, L. Louise (2004). *Du kan hela ditt liv.* Energica Förlag

Hoffmann, Eric. (2018). *Kartläggning av hjärnans aktivitet efter Kriya Yoga.* Hämtat från https://www.yoga.se/lasrummet/ kartlaggning-av-hjarnans- aktivitet-efter-kriya-yoga/

Jung, Carl Gustav. (1975). *Den analytiska psykologins grunder.* Vänersborg: Vänersborgs Boktryckeri AB.

Jung, Carl Gustav. (1975). *Själen och dess problem.* Stockholm: Bokförlaget Natur och Kultur.

Jung, Carl Gustav. (1994). *Psykets dynamik och struktur.* Stockholm: Natur och Kultur.

Jung, Carl Gustav. (1995). *Arketyper och drömmar.* Stockholm: Natur och Kultur.

Jung, Carl Gustav. (1995). *Människan och hennes symboler.* Forum.

Jung, Carl Gustav. (1996). *Själen och döden- om individuationen.* Natur och kultur.

Jung, Carl Gustav. (1997). *Jaget och det omedvetna.* Trondheim.

Jung, Carl Gustav. (2007). *Mitt liv.*
Natur och kultur.

Myss, Caroline. (1997). *Anatomy of* The
Spirit. Transworld Publishers.

Roman, Sanaya (2004). *Personlig kraft
genom medvetenhet.* Isis Förlag

Self-Realization Fellowship. (den 4
April 2018). *Self-Realization
Fellowship.* Hämtat från
http://www.yogananda-
srf.org/Default.aspx?langtype=1
033

Self-Realization Fellowship. (2018).
Awake: The Life of Yogananda. Digital
Rental. http://bookstore.yogananda-
srf.org/product/awake-the-life-of-
yogananda-streaming/

Sharp, Daryl. (1994). *Jungiansk
typologi.* Inner City Books.

Tolle, Eckhart (2016). *En ny jord: ditt inre syfte*. Massolit Förlagsgrupp

Tolle, Eckhart (2016). *Lev livet fullt ut. Massolit* Förlagsgrupp

Wessinger, Catherine. (2005). Encyclopedia of Religion. *Yogananda.* Ed. Lindsay Jones. Vol. 14. Detroit: Macmillan Reference USA.

Williamson, Marianne (2001). *Åter till kärleken: om principerna i A Course in Miracles*. Energica Förlag

Williamson, Marianne (2005). *Förändringens gåva: 10 grundpelare för ett nytt liv*. Energica Förlag

Yogananda, Paramahansa. (1997). *Undreamed of Possibilities. An introduction to Self-Realization Fellowship.*

Yogananda, Paramahansa. (2011). *Whispers from Eternity.* Los Angeles: Self-Realization Fellowship.

Yogananda, Paramahansa. (2013). *En Yogis Självbiografi.* Los Angeles: Self-Realization Fellowship.

Yogananda, Paramahansa. (2013). *The Bhagavad Gita.* Los Angeles: Self-Realization fellowship.

Yogananda, Paramahansa. (2014). *Lagen om framgång.* Los Angeles: Self-Realization Fellowship.

Yogananda, Paramahansa. (2014). *The Yoga of Jesus.* Los Angeles: Self-Realization Fellowship.

Yogananda, Paramahansa. (2014)).
Metafysiska meditationer. Los
Angeles: Self-Realization
Fellowship.

Yogananda, Paramahansa. (2015). *The
second coming of Christ.* Los
Angeles: Self-Realization
Fellowship.

Yogananda, Paramahansa. (2015).
*Vetenskapliga helande
affirmationer.* Los Angeles: Self-
Realization Fellowship.